2015

中国卫生和计划生育统计提要

China Health and Family Planning Statistical Digest

国家卫生和计划生育委员会 编

National Health and Family Planning Commission

中国协和医科大学出版社

Peking Union Medical College Press

图书在版编目（CIP）数据

2015 中国卫生和计划生育统计提要 / 国家卫生和计划生育委员会编. —北京：中国协和医科大学出版社，2015. 5

ISBN 978-7-5679-0334-0

Ⅰ. ①2…　Ⅱ. ①国…　Ⅲ. ①卫生统计-统计资料-中国-2015 ②计划生育-统计资料-中国-2015　Ⅳ. ①R195. 1 ②C924. 2

中国版本图书馆 CIP 数据核字（2015）第 085488 号

2015 中国卫生和计划生育统计提要

编　　者：国家卫生和计划生育委员会
责任编辑：吴桂梅

出版发行：中国协和医科大学出版社
（北京东单三条九号　邮编 100730　电话 65260378）
网　　址：www. pumcp. com
经　　销：新华书店总店北京发行所
印　　刷：北京佳艺恒彩印刷有限公司

开　　本：850×1168　1/32 开
印　　张：6. 375
字　　数：160 千字
版　　次：2015 年 5 月第 1 版　　2015 年 5 月第 1 次印刷
定　　价：42. 00 元

ISBN 978-7-5679-0334-0

《中国卫生和计划生育统计提要·2015》
编辑部

China Health and Family Planning Statistical Digest · 2015
Editorial Department

编者说明

一、2014年部分数据为初步统计数，调整数见《中国卫生和计划生育统计年鉴·2015》。

二、全国性统计指标均未包括香港、澳门特别行政区和台湾省数据。

三、本资料数据主要来源于统计年报和抽样调查。香港、澳门特别行政区和台湾省数据及附录摘自《中国统计年鉴》和《世界卫生统计》。

四、指标解释

（一）医疗卫生机构包括医院、基层医疗卫生机构、专业公共卫生机构和其他机构。

（二）医院包括综合医院、中医医院、中西医结合医院、民族医院、各类专科医院和护理院，不包括专科疾病防治院、妇幼保健院和疗养院。医院可分为公立医院和民营医院。

1. 公立医院指经济类型为国有和集体办的医院。

2. 民营医院指公立医院以外的其他医院，包括联营、股份合作、私营、台港澳投资和外国投资等医院。

（三）基层医疗卫生机构包括社区卫生服务中心（站）、乡镇(街道)卫生院、村卫生室、门诊部、诊所（医务室），可分为政府办基层医疗卫生机构和非政府办基层医疗卫生机构。政府办基层医疗卫生机构包括政府举办的社区卫生服务中心（站）、乡镇(街道)卫生院。

（四）专业公共卫生机构包括疾病预防控制中心、专科疾病防治机构、健康教育机构、妇幼保健机构、急救中心（站）、采供血机构、卫生监督机构、计划生育技术服务机构。

（五）东部地区包括北京、天津、河北、辽宁、上海、江苏、浙江、福建、山东、广东、海南 11 个省（市），中部地区包括黑龙江、吉林、山西、安徽、江西、河南、湖北、湖南 8 个省，西部地区包括内蒙古、广西、重庆、四川、贵州、云南、西藏、陕西、甘肃、青海、宁夏、新疆 12 个省(区、市)。

（六）城市包括直辖市和地级市辖区。农村包括县及县级市。

五、“ - ”表示无数字,“…”表示数字不详,“#”表示其中项。

国家卫生计生委统计信息中心

2015 年 4 月

Editor's Note

Ⅰ. Due to time limit, some data for 2014 are preliminary statistics. The adjusted data will be in "China Health and Family Planning Statistical Yearbook 2015".

Ⅱ. National data in this book do not include that of Hong Kong Special Administrative Region, Macao Special Administrative Region, and Taiwan Province.

Ⅲ. Major data are obtained from annual statistical reports and sample surveys. Appendix and data of Hong Kong Special Administrative Region, Macao Special Administrative Region and Taiwan Province are collected from China Statistical Yearbook and World Health Statistics.

Ⅳ. Notes on Main Statistical Indicators

1. Health care institutions include hospitals, grass-roots health care institutions, specialized public health institutions, and other health care institutions.

2. Hospitals include general hospitals, TCM(Traditional Chinese Medicine) hospitals, hospitals of Integrated Chinese and Western Medicine, hospitals of traditional ethnic medicine, various specialized hospitals and nursing homes, do not include specialized disease prevention and treatment institutions, MCH institutions and sanatoriums. Hospitals can be classified into public hospitals and non-public hospitals.

(1) Public hospitals refer to state-owned and collective-owned hospitals.

(2) Non-public hospitals refer to hospitals domestic-funded by ownerships of joint, cooperative, private, and all other hospitals funded by Hong Kong, Macao, Taiwan, and foreign countries.

3. Grass-roots health care institutions include community health centers (stations), township (sub-district) health centers, village clinics, outpatient departments, and clinics. Government-run grass-roots health care institutions

include government-run community health centers (stations), and township (sub-district) health centers.

4. Specialized public health institutions include CDC, specialized disease prevention and treatment institutions, health education institutions, MCH institutions, emergency centers and first-aid stations, blood gathering and supplying institutions, health inspection institutions, and centers for family planning technical services .

5. Eastern region includes 11 provinces (municipalities): Beijing, Tianjin, Hebei, Liaoning, Shanghai, Jiangsu, Zhejiang, Fujian, Shandong, Guangdong and Hainan; Central region includes 8 provinces: Shanxi, Jilin, Heilongjiang, Anhui, Jiangxi, Henan, Hubei, and Hunan; Western region includes 12 provinces (autonomous regions/municipalities): Inner Mongolia, Guangxi, Chongqing, Sichuan, Guizhou, Yunnan, Tibet, Shaanxi, Gansu, Qinghai, Ningxia and Xinjiang.

6. Urban area refers to municipalities and prefecture level cities; rural area refers to counties and county-level cities.

Ⅴ. Use of Symbols: "-" indicates no figure; "…" indicates data not available; "#" indicates the major items of the total.

Center for Health Statistics and Information, NHFPC
April 2015

目　　录
Contents

二、公共卫生服务

Public Health Services

五、中医药服务

Traditional Chinese Medicine Services

六、药品供应保障

Drug Supply and Support

七、基本医疗保障

Basic Medical Security

八、卫生资源

Health Resources

附录 2：主要国家卫生状况

Appendix II: Health Status of Main Countries

附录 3：我国主要人口与社会经济指标

Appendix Ⅲ: Main Indicators of Population, Society and Economy of China

一、居民健康状况

Health Status of Population

人均预期寿命（岁）
Life Expectancy at Birth（Year）

年份 Year	资料来源 Data Source	合计 Total	男 Male	女 Female
2000	全国第五次人口普查 The 5th National Population Census of the P.R.C.	71.4	69.6	73.3
2005	人口变动情况抽样调查 The Sample Survey of Population Changes	73.0	71.0	74.0
2010	全国第六次人口普查 The 6th National Population Census of the P.R.C.	74.8	72.4	77.4

注：人均预期寿命指出生时预期寿命。

人口出生率、死亡率和自然增长率
Birth, Death and Natural Increase Rate

年份 Year	出生率 Birth Rate (‰)	死亡率 Death Rate (‰)	自然增长率 Natural Increase Rate (‰)
2000	14.0	6.45	7.58
2005	12.4	6.51	5.89
2009	12.1	7.08	5.05
2010	11.9	7.11	4.79
2011	11.9	7.14	4.79
2012	12.1	7.15	4.95
2013	12.1	7.16	4.92
2014	12.4	7.16	5.21

资料来源：《中国统计年鉴》。Source: China Statistical Yearbook.

各地区人均预期寿命、出生率和死亡率

Life Expectancy at Birth, Birth and Death Rate by Region

地区 Region	人均预期寿命(岁) Life Expectancy at Birth (Year)		出生率 Birth Rate (‰)		死亡率 Death Rate (‰)	
	2000	2010	2012	2013	2012	2013
总 计 Total	**71.40**	**74.83**	**12.10**	**12.10**	**7.15**	**7.16**
北 京 Beijing	76.10	80.18	9.05	8.93	4.31	4.52
天 津 Tianjin	74.91	78.89	8.75	8.28	6.12	6.00
河 北 Hebei	72.54	74.97	12.88	13.04	6.41	6.87
山 西 Shanxi	71.65	74.92	10.70	10.81	5.83	5.57
内蒙古 Inner Mongolia	69.87	74.44	9.17	8.98	5.52	5.62
辽 宁 Liaoning	73.34	76.38	6.15	6.09	6.54	6.12
吉 林 Jilin	73.10	76.18	5.73	5.36	5.37	5.04
黑龙江 Heilongjiang	72.37	75.98	7.30	6.86	6.03	6.08
上 海 Shanghai	78.14	80.26	9.56	8.18	5.36	5.24
江 苏 Jiangsu	73.91	76.63	9.44	9.44	6.99	7.01
浙 江 Zhejiang	74.70	77.73	10.12	10.01	5.52	5.45
安 徽 Anhui	71.85	75.08	13.00	12.88	6.14	6.06
福 建 Fujian	72.55	75.76	12.74	12.20	5.73	6.01
江 西 Jiangxi	68.95	74.33	13.46	13.19	6.14	6.28
山 东 Shandong	73.92	76.46	11.90	11.41	6.95	6.40

资料来源：《中国统计年鉴》，系第五、六次人口普查数。

Source: China Statistical Yearbook.

续表 Continued

地区 Region	人均预期寿命(岁) Life Expectancy at Birth (Year)		出生率 Birth Rate (‰)		死亡率 Death Rate (‰)	
	2000	2010	2012	2013	2012	2013
河　南 Henan	71.54	74.57	11.87	12.27	6.71	6.76
湖　北 Hubei	71.08	74.87	11.00	11.08	6.12	6.15
湖　南 Hunan	70.66	74.70	13.58	13.50	7.01	6.96
广　东 Guangdong	73.27	76.49	11.60	10.71	4.65	4.69
广　西 Guangxi	71.29	75.11	14.20	14.28	6.31	6.35
海　南 Hainan	72.92	76.30	14.66	14.59	5.81	5.90
重　庆 Chongqing	71.73	75.70	10.86	10.37	6.86	6.77
四　川 Sichuan	71.20	74.75	9.89	9.90	6.92	6.90
贵　州 Guizhou	65.96	71.10	13.27	13.05	6.96	7.15
云　南 Yunnan	65.49	69.54	12.63	12.60	6.41	6.43
西　藏 Tibet	64.37	68.17	15.48	15.77	5.21	5.39
陕　西 Shaanxi	70.07	74.68	10.12	10.01	6.24	6.15
甘　肃 Gansu	67.47	72.23	12.11	12.16	6.05	6.08
青　海 Qinghai	66.03	69.96	14.30	14.16	6.06	6.13
宁　夏 Ningxia	70.17	73.38	13.26	13.12	4.33	4.50
新　疆 Xinjiang	67.41	72.35	15.32	15.84	4.48	4.92

监测地区孕产妇及5岁以下儿童死亡率

Maternal and Under-five Mortality in Surveillance Region

指标 Indicator	2005	2010	2011	2012	2013	2014
孕产妇死亡率(1/10万) Maternal Mortality Rate (Per 100 000 Live Births)	**47.7**	**30.0**	**26.1**	**24.5**	**23.2**	**21.7**
城市 Urban	25.0	29.7	25.2	22.2	22.4	20.5
农村 Rural	53.8	30.1	26.5	25.6	23.6	22.2
5岁以下儿童死亡率(‰) Under 5 Mortality Rate (Per 1000 Live Births)	**22.5**	**16.4**	**15.6**	**13.2**	**12.0**	**11.7**
城市 Urban	10.7	7.3	7.1	5.9	6.0	5.9
农村 Rural	25.7	20.1	19.1	16.2	14.5	4.2
婴儿死亡率(‰) Infant Mortality Rate (Per 1000 Live Births)	**19.0**	**13.1**	**12.1**	**10.3**	**9.5**	**8.9**
城市 Urban	9.1	5.8	5.8	5.2	5.2	4.8
农村 Rural	21.6	16.1	14.7	12.4	11.3	10.7
新生儿死亡率(‰) Neonatal Mortality Rate (Per 1000 Live Births)	**13.2**	**8.3**	**7.8**	**6.9**	**6.3**	–
城市 Urban	7.5	4.1	4.0	3.9	3.7	–
农村 Rural	14.7	10.0	9.4	8.1	7.3	–

补充资料：解放前孕产妇死亡率为150/万。

Note: Maternal mortality rate prior to 1949 was 150 per 10000 live births.

监测地区孕产妇死亡原因（2014年）

Leading Causes of Maternal Mortality in Surveillance Region (2014)

疾病名称 Diseases	合计 Total			城市 Urban			农村 Rural		
	位次 Rank	孕产妇死亡率 Maternal Mortality Rate (1/100000)	构成 (%)	位次 Rank	孕产妇死亡率 Maternal Mortality Rate (1/100000)	构成 (%)	位次 Rank	孕产妇死亡率 Maternal Mortality Rate (1/100000)	构成 (%)
总计 Total		**21.7**	**100.0**		**20.5**	**100.0**		**22.2**	**100.0**
产科出血 Obstetrics Hemorrhage	1	5.7	26.3	1	4.3	21.2	1	6.3	28.3
羊水栓塞 Amniotic FluidEmbolism	2	3.2	14.9	2	2.7	13.1	2	3.4	15.5
妊娠期高血压疾病 Pregnancy Induced Hypertention	3	2.5	11.4	3	2.3	11.1	3	2.6	11.6
静脉血栓形成及肺栓塞症 Plumonary Embolism in Pregnancy	4	2.0	9.1	4	1.4	7.1	4	2.2	10.0
心脏病 Heart Disease	5	1.7	7.7	4	1.4	7.1	5	1.8	8.0
蛛网膜下腔出血 Subarachnoid Haemorrhage	6	1.0	4.6	5	0.8	4.0	6	1.1	4.8

注：本表数据为初步结果。Note：Data in this table are preliminary results.

部分地区居民前十位疾病死亡专率及死因构成(2014年)

Mortality Rate of 10 Main Diseases in Certain Region (2014)

顺位 Rank	城市 Urban			农村 Rural		
	死亡原因 Causes (ICD-10)	死亡专率 Mortality Rate (1/100000)	构成 (%)	死亡原因 Causes (ICD-10)	死亡专率 Mortality Rate (1/100000)	构成 (%)
1	恶性肿瘤 Malignant Neoplasms	158.39	26.14	恶性肿瘤 Malignant Neoplasms	152.59	23.01
2	心脏病 Heart Disease	134.22	22.15	脑血管病 Cerebrovascular Disease	151.75	22.89
3	脑血管病 Cerebrovascular Disease	123.89	20.44	心脏病 Heart Disease	143.51	21.64
4	呼吸系病 Diseases of the Respiratory System	73.03	12.05	呼吸系病 Diseases of the Respiratory System	80.25	12.10
5	损伤及中毒 Injury & Poisoning	37.45	6.18	损伤及中毒 Injury & Poisoning	55.42	8.36
6	内分泌营养和代谢病 Endocrine,Nutritional & Metabolic Diseases	17.05	2.81	消化系病 Diseases of the Digestive System	14.62	2.20
7	消化系病 Diseases of the Digestive System	14.20	2.34	内分泌营养和代谢病 Endocrine,Nutritional & Metabolic Diseases	13.15	1.98
8	神经系病 Diseases of the Nervous System	6.77	1.12	传染病 Infectious Disease	7.94	1.20
9	传染病 Infectious Disease	6.56	1.08	泌尿生殖系病 Diseases of the Genitourinary System	7.13	1.07
10	泌尿生殖系病 Diseases of the Genitourinary System	6.54	1.08	神经系病 Diseases of the Nervous System	6.68	1.01
	十种死因合计 Total		**93.60**	**十种死因合计 Total**		**94.70**

注：①本表系605个死因监测点初步结果；②农村包括县及县级市；下表同。

续表1 Continued

	城市男性 Urban-Male			农村男性 Rural-Male		
	死亡原因 Causes (ICD-10)	死亡专率 Mortality Rate (1/100000)	构成 (%)	死亡原因 Causes (ICD-10)	死亡专率 Mortality Rate (1/100000)	构成 (%)
1	恶性肿瘤 Malignant Neoplasms	193.33	28.03	恶性肿瘤 Malignant Neoplasms	204.41	25.68
2	心脏病 Heart Disease	138.69	20.11	脑血管病 Cerebrovascular Disease	176.10	22.12
3	脑血管病 Cerebrovascular Disease	131.68	19.09	心脏病 Heart Disease	159.42	20.03
4	呼吸系病 Diseases of the Respiratory System	80.77	11.71	呼吸系病 Diseases of the Respiratory System	83.04	10.43
5	损伤及中毒 Injury & Poisoning	49.57	7.19	损伤及中毒 Injury & Poisoning	79.79	10.02
6	消化系病 Diseases of the Digestive System	17.94	2.60	消化系病 Diseases of the Digestive System	18.66	2.34
7	内分泌营养和代谢病 Endocrine,Nutritional & Metabolic Diseases	15.95	2.31	内分泌营养和代谢病 Endocrine,Nutritional & Metabolic Diseases	11.19	1.41
8	传染病 Infectious disease	8.99	1.30	传染病 Infectious disease	10.50	1.32
9	神经系病 Diseases of the Nervous System	6.96	1.01	泌尿生殖系病 Diseases of the Genitourinary System	8.24	1.03
10	泌尿生殖系病 Diseases of the Genitourinary System	6.88	1.00	神经系病 Diseases of the Nervous System	7.44	0.93
	十种死因合计 Total		**94.36**	**十种死因合计 Total**		**95.32**

续表2 Continued

	城市女性 Urban-Female			农村女性 Rural-Female		
	死亡原因 Causes (ICD-10)	死亡专率 Mortality Rate (1/100000)	构成 (%)	死亡原因 Causes (ICD-10)	死亡专率 Mortality Rate (1/100000	构成 (%)
1	心脏病 Heart Disease	128.00	24.84	心脏病 Heart Disease	146.86	25.29
2	恶性肿瘤 Malignant Neoplasms	114.31	22.18	脑血管病 Cerebrovascular Disease	140.88	24.26
3	脑血管病 Cerebrovascular Disease	106.05	20.58	恶性肿瘤 Malignant Neoplasms	109.78	18.91
4	呼吸系病 Diseases of the Respiratory System	58.33	11.32	呼吸系病 Diseases of the Respiratory System	68.55	11.80
5	损伤及中毒 Injury & Poisoning	25.39	4.93	损伤及中毒 Injury and Poisoning	36.89	6.35
6	内分泌营养和代谢病 Endocrine,Nutritional & Metabolic Diseases	18.26	3.54	内分泌营养和代谢病 Endocrine,Nutritional & Metabolic Diseases	14.18	2.44
7	消化系病 Diseases of the Digestive System	10.95	2.13	消化系病 Diseases of the Digestive System	9.91	1.71
8	神经系病 Diseases of the Nervous System	6.26	1.22	神经系病 Diseases of the Nervous System	7.20	1.24
9	泌尿生殖系病 Diseases of the Genitourinary System	5.51	1.07	泌尿生殖系病 Diseases of the Genitourinary System	5.75	0.99
10	传染病 Infectious Disease	3.85	0.75	传染病 Infectious Disease	4.69	0.81
	十种死因合计 Total		**92.54**	**十种死因合计 Total**		**93.80**

28种传染病报告发病及死亡数（2014年）
Number of Reported Cases and Deaths of 28 Infectious Diseases (2014)

疾病名称 Diseases	发病例数 Number of Cases	死亡人数 Number of
总计 Total	3075972	16059
鼠疫 The Plague	3	3
霍乱 Cholera	24	–
传染性非典型肺炎 SARS	–	–
艾滋病 AIDS	45145	12030
病毒性肝炎 Viral Hepatitis	1223021	515
脊髓灰质炎 Poliomyelitis	–	–
人感染高致病性禽流感 HpAI	3	1
麻疹 Measles	52628	28
流行性出血热 Hemorrhage Fever	11522	79
狂犬病 Hydrophobia	924	854
流行性乙型脑炎 Encephalitis B	858	29
登革热 Dengue Fever	46864	6
炭疽 Anthrax	248	3
细菌性和阿米巴性痢疾 Dysentery	153585	4
肺结核 Pulmonary Tuberculosis	889381	2240
伤寒和副伤寒 Typhoid and Paratyphoid Fever	13768	–
流行性脑脊髓膜炎 Epidemic Encephalitis	170	12
百日咳 pertussis	3408	2
白喉 Diphtheria	–	–
新生儿破伤风 Neonatal Tetanus	426	15
猩红热 Scarlet Fever	54247	–
布鲁氏菌病 Brucellosis	57222	2
淋病 Gonorrhea	95473	2
梅毒 Syphilis	419091	69
钩端螺旋体病 Leptospirosis	498	6
血吸虫病 Schistosomiasis	4212	–
疟疾 Malaria	2921	24
人感染H7N9禽流感 Avian influenza A(H7N9)	330	135

28种传染病报告发病率及死亡率（2014年）

Reported Morbidity and Mortality Rates of 28 Infectious Diseases (2014)

疾病名称 Diseases	发病率 Morbidity Rate (1/100000)	死亡率 Mortality Rate (1/100000)
总计 Total	**226.98**	**1.185**
鼠疫 The Plague	0.00	0.000
霍乱 Cholera	0.00	–
传染性非典型肺炎 SARS	–	–
艾滋病 AIDS	3.33	0.888
病毒性肝炎 Viral Hepatitis	90.25	0.038
脊髓灰质炎 Poliomyelitis	–	–
人感染高致病性禽流感 HpAI	0.00	0.000
麻疹 Measles	3.88	0.002
流行性出血热 Hemorrhage Fever	0.85	0.006
狂犬病 Hydrophobia	0.07	0.063
流行性乙型脑炎 Encephalitis B	0.06	0.002
登革热 Dengue Fever	3.46	0.000
炭疽 Anthrax	0.02	0.000
细菌性和阿米巴性痢疾 Dysentery	11.33	0.000
肺结核 Pulmonary Tuberculosis	65.63	0.165
伤寒和副伤寒 Typhoid and Paratyphoid Fever	1.02	–
流行性脑脊髓膜炎 Epidemic Encephalitis	0.01	0.001
百日咳 Pertussis	0.25	0.000
白喉 Diphtheria	–	–
新生儿破伤风 Neonatal Tetanus	0.03	0.001
猩红热 Scarlet Fever	4.00	–
布鲁氏菌病 Brucellosis	4.22	0.000
淋病 Gonorrhea	7.05	0.000
梅毒 Syphilis	30.93	0.005
钩端螺旋体病 Leptospirosis	0.04	0.000
血吸虫病 Schistosomiasis	0.31	–
疟疾 Malaria	0.22	0.002
人感染H7N9禽流感 Avian influenza A(H7N9)	0.02	0.010

注：新生儿破伤风发病率和死亡率单位为‰。 Note: Figures of morbidity and mortality rates of neonatal tetanus are culculated per 1000 population aged 1 year.

青少年、儿童身体发育情况（城市）

Physical Development of Children and Adolescents (Urban)

年龄 (岁) Age (Year)	男性 Male				女性 Female			
	平均体重 Mean of Weight (kg)		平均身高 Mean of Height (cm)		平均体重 Mean of Weight (kg)		平均身高 Mean of Height (cm)	
	1992	2002	1992	2002	1992	2002	1992	2002
7	23.1	24.8	120.8	124.0	22.0	23.2	118.7	122.6
8	26.0	27.2	125.7	129.0	24.9	26.0	124.9	128.3
9	29.3	30.4	130.7	134.4	28.3	28.6	130.7	133.5
10	31.5	33.8	136.5	139.6	31.0	32.8	135.7	139.9
11	34.8	37.4	141.3	144.9	34.2	36.7	141.9	145.8
12	38.0	40.5	146.1	149.5	40.5	40.5	147.9	150.5
13	44.1	44.9	154.3	156.6	43.2	44.5	152.0	154.5
14	49.3	49.4	158.7	162.0	46.4	47.2	154.9	157.2
15	52.8	55.2	164.1	167.6	48.3	50.8	156.5	158.3
16	54.8	57.2	166.6	168.4	49.8	52.2	156.7	158.8
17	56.1	58.7	167.6	170.2	50.1	51.9	157.2	158.6
18	57.1	60.9	168.2	170.8	50.0	51.9	157.6	158.8
19	57.7	61.2	168.7	170.4	51.3	51.8	157.6	159.6

资料来源：1992、2002年全国营养抽样调查。

Source: National Nutrition Sampling Survey in 1992 and 2002.

青少年、儿童身体发育情况（农村）

Physical Development of Children and Adolescents (Rural)

年龄(岁) Age (Year)	男性 Male				女性 Female			
	平均体重 Mean of Weight (kg)		平均身高 Mean of Height (cm)		平均体重 Mean of Weight (kg)		平均身高 Mean of Height (cm)	
	1992	2002	1992	2002	1992	2002	1992	2002
7	21.1	21.7	116.1	119.6	20.2	20.6	114.7	118.2
8	23.1	23.9	121.3	124.6	22.3	22.9	120.1	123.8
9	25.3	26.1	126.0	129.1	24.6	25.4	125.5	128.8
10	27.6	28.6	130.9	134.2	27.1	28.2	130.3	134.3
11	30.1	31.9	135.1	139.2	30.0	31.8	135.5	140.0
12	33.2	35.4	140.4	144.5	34.1	35.8	141.3	145.4
13	38.7	39.3	147.6	149.9	39.1	40.5	146.7	150.1
14	42.4	45.1	152.9	157.2	43.2	44.1	150.6	153.2
15	47.5	48.6	158.1	161.4	45.2	46.7	151.9	154.8
16	51.3	53.0	161.4	165.2	48.6	49.2	154.4	156.0
17	52.9	54.9	163.4	166.3	49.3	51.2	154.5	157.0
18	54.7	56.8	163.8	167.2	50.8	51.7	154.9	157.5
19	56.2	58.8	165.0	168.3	51.4	52.3	155.1	157.0

资料来源：1992、2002年全国营养抽样调查。

Source: National Nutrition Sampling Survey in 1992 and 2002.

居民人均每日营养摄入量

Daily Nutrient Intake per Capita

指标 Indicator	1982	1992	2002
热量(千卡) Energy (kcal)	2485	2328	2250
蛋白质(克) Protein (g)	67	68	66

资料来源：1982、1992、2002年全国营养抽样调查。

Source: National Nutrition Sampling Survey in 1982,1992 and 2002.

居民人均每日营养摄入量（2002年）

Daily Nutrient Intake per Capita (2002)

项目 Item	全国 Total	城市 Urban	农村 Rural
蛋白质(克) Protein(g)	65.9	69.0	64.6
脂肪(克) Fat(g)	76.2	85.5	72.7
热量(千卡) Energy (kcal)	2250.0	2134.0	2295.5
粗纤维(克) Crude Fiber(g)	12.0	11.1	12.4
钙(毫克) Calcium (mg)	388.8	438.6	369.6
磷(毫克) Phosphorus (mg)	978.8	973.2	981.0
铁(毫克) Iron (mg)	23.2	23.7	23.1
视黄醇当量(微克) Retinol Equivalent (μg)	469.2	547.2	439.1
维生素C(毫克) Vitamin C (mg)	88.4	82.2	90.8

资料来源：2002年中国居民营养与健康状况调查。

Source: National Nutrition Sampling Survey in 2002.

二、公共卫生服务

Public Health Services

孕产妇保健情况

Statistics of Maternal Health Care

年份 Year	住院分娩率 Institutional Delivery Rate (%)			产前检查率 Prenatal Examination Rate (%)	产后访视率 Postnatal Visit Rate (%)
	总计 Total	市 City	县 County		
2005	85.9	93.2	81.0	89.8	86.0
2010	97.8	99.2	96.7	94.1	90.8
2011	98.7	99.6	98.1	93.7	91.0
2012	99.2	99.7	98.8	95.0	92.6
2013	99.5	99.9	99.2	95.6	93.5
2014	99.6	99.9	99.4	96.2	93.9

3岁以下儿童和孕产妇系统管理率

Systematic Management Rate of Maternal and Children Under-three

年份 Year	3岁以下儿童系统管理率 Systematic Management Rate of Children Under-three (%)	孕产妇系统管理率 Maternal Systematic Management Rate (%)
2005	73.9	76.7
2010	81.5	84.0
2011	84.6	85.2
2012	87.0	87.6
2013	89.0	89.5
2014	89.8	90.0

各地区已婚育龄妇女避孕率（%）

Contraceptive Prevalence Rate of Married Women at Childbearing Age by Region (%)

地　区 Region	2010	2011	2012	2013	2014
总　计 Total	**89.1**	**88.6**	**87.9**	**87.3**	**86.6**
北　京 Beijing	84.6	83.6	82.7	79.0	78.3
天　津 Tianjin	90.7	91.0	91.2	91.3	90.5
河　北 Hebei	90.8	91.2	90.9	90.9	90.8
山　西 Shanxi	90.1	91.3	91.4	92.8	91.2
内蒙古 Inner Mongolia	91.5	90.7	90.6	90.1	89.8
辽　宁 Liaoning	88.2	88.2	85.9	87.1	86.0
吉　林 Jilin	89.9	89.6	89.8	89.8	89.5
黑龙江 Heilongjiang	92.6	92.1	91.7	91.3	91.2
上　海 Shanghai	82.8	80.5	81.6	83.1	81.0
江　苏 Jiangsu	90.0	89.4	88.2	88.2	88.4
浙　江 Zhejiang	88.6	88.0	87.4	87.1	86.1
安　徽 Anhui	90.4	89.8	89.3	88.6	89.7
福　建 Fujian	81.6	82.8	82.3	81.4	80.3
江　西 Jiangxi	93.9	94.6	94.6	90.4	82.2
山　东 Shandong	89.6	87.9	90.3	88.7	84.9

续表 Continued

地区 Region	2010	2011	2012	2013	2014
河　南 Henan	89.6	89.8	90.0	89.8	89.8
湖　北 Hubei	86.1	86.9	85.3	82.6	84.4
湖　南 Hunan	92.2	86.1	87.8	88.4	89.8
广　东 Guangdong	89.9	87.2	80.9	80.4	81.4
广　西 Guangxi	87.1	87.2	87.6	87.1	86.8
海　南 Hainan	79.2	81.6	81.0	80.8	80.7
重　庆 Chongqing	90.8	89.4	79.7	80.3	82.0
四　川 Sichuan	88.3	90.6	89.3	88.2	85.7
贵　州 Guizhou	88.2	88.1	89.0	89.0	89.1
云　南 Yunnan	86.2	87.9	87.2	86.4	86.0
西　藏 Tibet	78.0	75.3	81.3	75.2	–
陕　西 Shaanxi	91.3	91.4	91.7	91.3	91.1
甘　肃 Gansu	87.9	88.1	85.0	88.3	82.3
青　海 Qinghai	84.9	85.1	85.9	86.3	87.7
宁　夏 Ningxia	90.5	91.5	93.2	91.7	92.3
新　疆 Xinjiang	82.7	83.2	82.0	81.5	73.0

注：年报统计时段为2013年10月1日至2014年9月30日。

血吸虫病防治情况（2014年）

Statistics of Schistosomiasis Control (2014)

地区 Region	流行县(市、区)个数 Epidemic Areas	流行村人口数 Population in Epidemic Villages (10000)	年底病人数 Patients at the End of Year (10000)	年内治疗病人次数 Treated Patients	累计达到传播阻断标准县(市区) Cumulative Areas Reaching Criteria of Elimination	年内扩大化疗人次数 Expasion Chemo-therapy
总计 Total	**453**	**6850.7**	**11.6**	**280855**	**313**	**2565555**
上海 Shanghai	8	256.4	0.0	1	8	6
江苏 Jiangsu	67	1342.4	0.3	1044	58	4918
浙江 Zhejiang	55	906.0	0.1	1151	55	716
安徽 Anhui	51	698.6	1.7	50624	19	253531
福建 Fujian	16	84.7	–	–	16	–
江西 Jiangxi	39	495.4	2.6	81640	24	373032
湖北 Hubei	63	996.2	3.4	80167	24	631654
湖南 Hunan	41	639.1	3.2	65290	10	531161
广东 Guangdong	13	41.2	–	–	13	37
广西 Guangxi	19	89.5	–	–	19	–
四川 Sichuan	63	1112.1	0.2	747	56	506983
云南 Yunnan	18	189.1	0.1	191	11	263517

注：2014年底病人数系推算数。

Note: Figures of patients at the end of year are estimates.

地方性氟中毒防治情况（2014年）

Statistics of Endemic Fluorosis Control (2014)

项目 Item	病区县个数 Endemic Counties	病区村人口数 Population in Endemic Villages (10000)	氟斑牙人数 Cases of Dental Flurosis (10000)	氟骨症人数 Cases of Skeletal Flurosis (10000)	控制县个数 Counties Under Control	累计防治受益人口 Cumulative Beneficaries (10000)
饮水型 Water Type	1046	6152.0	1814.5	127.1	214	4634.5
煤烟污染型 Burning Coal Pollution-Type	173	3265.0	1453.7	188.2	50	3211.3

克山病、大骨节病、碘缺乏病防治情况（2014年）

Statistics of Keshan Disease, Kashin-Beck Disease, Iodine Deficiency Disorder Control (2014)

疾病名称 Diseases	病区县数 Endemic Counties	病区人口数 Population in Endemic Areas (10000)	现症病人 Current Patients (10000)	累计控制(消除)县数 Cumulative Counties Under Control
克山病 Keshan Disease	327	6189.2	3.8	255
大骨节病 Kashin-Beck Disease	378	3771.5	61.1	262
碘缺乏病 Iodine Deficiency Disorders	2795	131964.5	30.8	2690

注:①克山病现症病人数为潜在型、慢型、亚急型及急型克山病现患病人之和；②碘缺乏病病区县数和人口数系开展碘缺乏病防治工作的县数及人口数，并非碘缺乏病历史病区县数及人口数；③碘缺乏病现症病人数为Ⅱ度甲状腺肿患者和克汀病人之和。

农村改水工作情况

Improvement of Drinking Water Supply in Rural Areas

指标Indicator	2010	2011	2012	2013	2014
已改水受益人口数(万人) Total Beneficiaries(10000)	**90833**	**89972**	**91208**	**89938**	**91511**
占农村人口% As % of Rural Population	94.9	94.18	95.3	95.6	95.8
自来水厂(站)数(个) Water Supply Stations	62158	591206	559645	743988	555362
受益人口(万人) Beneficiaries(10000)	68159	68833	71417	71866	75470
占受益总人口% As % of Total Beneficiaries	75.0	76.5	78.3	79.9	82.5
手压机井数(万台) Wells with Hand-pump(10000)	6007	3928	8609	8148	9053
受益人口(万人) Beneficiaries(10000)	15173	13738	12883	11597	10022
占受益总人口% As % of Total Beneficiaries	16.7	15.3	14.1	12.9	11.0
其他改水受益人口(万人) Other Beneficiaries(10000)	7501	7401	6908	6475	6018
占受益总人口% As % of Total Beneficiaries	8.3	8.2	7.6	7.2	6.5

注：表中数字系累计数。Note: figure in this table are cumulative.

农村改厕工作情况

Improvement of Sanitary Toilets in Rural Areas

指标Indicator	2010	2011	2012	2013	2014
累计卫生厕所户数(万户) Cumulative Number of Sanitary Toilets(10000)	17138.3	18108.5	18627.5	19400.6	19939.3
#当年新增(万户) Number of New Toilets(10000)	1060.4	1028.89	737.4	648.3	685.1
卫生厕所普及率(%) Coverage of Sanitary Toilets	67.4	69.2	71.7	74.1	76.1
无害化卫生厕所普及率(%) Coverage of Harmless Disposal Toilets	45.0	47.3	49.7	52.4	55.2

各地区农村改水情况

Improvement of Drinking Water Supply in Rural Areas by Region

地区 Region	改水受益人口占农村人口比例 Proportion of Rural Population Benefited (%)		饮用自来水人口占农村人口比例 Proportion of Rural Population Consuming Tapwater (%)	
	2013	2014	2013	2014
总　计 Total	**95.6**	**95.8**	**76.4**	**79.0**
北　京 Beijing	100.0	100.0	99.6	99.6
天　津 Tianjin	100.0	100.0	98.9	99.0
河　北 Hebei	98.6	99.0	87.3	88.6
山　西 Shanxi	90.0	91.6	79.9	85.9
内蒙古 Inner Mongolia	94.6	96.4	61.2	66.0
辽　宁 Liaoning	97.3	96.9	74.1	74.5
吉　林 Jilin	100.0	100.0	85.4	88.0
黑龙江 Heilongjiang	99.6	99.7	68.8	70.0
上　海 Shanghai	100.0	100.0	100.0	100.0
江　苏 Jiangsu	98.5	99.1	98.5	99.1
浙　江 Zhejiang	98.7	99.2	95.7	97.0
安　徽 Anhui	97.0	93.8	58.6	64.3
福　建 Fujian	98.9	98.7	91.9	93.0
江　西 Jiangxi	99.5	99.6	68.8	70.6
山　东 Shandong	99.8	99.3	93.6	94.5

续表 Continued

地区 Region	改水受益人口占农村人口比例 Proportion of Rural Population Benefited (%)		饮用自来水人口占农村人口比例 Proportion of Rural Population Consuming Tapwater (%)	
	2013	2014	2013	2014
河　南 Henan	92.8	91.1	61.7	69.0
湖　北 Hubei	99.5	99.5	75.3	76.0
湖　南 Hunan	90.1	92.8	70.2	75.5
广　东 Guangdong	99.0	99.2	88.4	89.4
广　西 Guangxi	85.1	89.8	68.3	74.9
海　南 Hainan	96.4	94.1	81.5	84.2
重　庆 Chongqing	98.9	98.9	91.0	91.1
四　川 Sichuan	94.4	95.4	63.0	65.6
贵　州 Guizhou	87.7	86.5	73.3	73.2
云　南 Yunnan	93.5	90.8	70.0	70.3
陕　西 Shaanxi	91.2	91.2	40.2	40.2
甘　肃 Gansu	97.1	97.6	66.2	70.2
青　海 Qinghai	88.1	91.5	78.7	80.9
宁　夏 Ningxia	95.7	95.1	84.3	86.7
新　疆 Xinjiang	92.1	96.7	91.9	96.6

注：缺西藏数字。

Note: figure for Tibet are not available.

各地区农村改厕工作情况

Improvement of Sanitary Toilets in Rural Areas by Region

地区 Region	卫生厕所普及率 Coverage of Sanitary Toilets (%)		无害化厕所普及率 Coverage of Disposal Toilets (%)	
	2013	2014	2013	2014
总　计 Total	**74.1**	**76.1**	**52.4**	**55.2**
北　京 Beijing	97.0	98.2	96.6	98.1
天　津 Tianjin	93.4	93.6	93.4	93.6
河　北 Hebei	56.7	60.9	30.9	41.7
山　西 Shanxi	53.2	53.6	28.1	30.1
内蒙古 Inner Mongolia	50.0	53.1	23.9	26.3
辽　宁 Liaoning	66.9	68.4	32.0	33.8
吉　林 Jilin	76.1	76.6	15.7	16.3
黑龙江 Heilongjiang	72.7	74.4	14.7	15.9
上　海 Shanghai	98.8	96.5	98.7	94.5
江　苏 Jiangsu	93.1	96.1	79.2	85.5
浙　江 Zhejiang	93.2	94.8	83.4	86.5
安　徽 Anhui	62.6	65.2	34.0	36.4
福　建 Fujian	90.7	91.8	88.9	90.2
江　西 Jiangxi	86.9	89.0	62.1	65.0
山　东 Shandong	90.1	91.6	54.1	56.4

续表 Continued

地区 Region	卫生厕所普及率 Coverage of Sanitary Toilets (%)		无害化厕所普及率 Coverage of Disposal Toilets (%)	
	2013	2014	2013	2014
河 南 Henan	74.4	75.3	54.1	57.2
湖 北 Hubei	82.4	82.5	53.4	53.5
湖 南 Hunan	65.7	68.5	39.3	40.6
广 东 Guangdong	90.0	91.1	83.2	84.9
广 西 Guangxi	78.4	83.3	71.4	75.7
海 南 Hainan	78.8	79.3	77.6	78.1
重 庆 Chongqing	63.0	64.5	63.0	64.5
四 川 Sichuan	71.0	74.3	54.2	57.2
贵 州 Guizhou	47.7	48.9	30.3	31.6
云 南 Yunnan	60.8	62.8	33.9	35.4
陕 西 Shaanxi	50.8	50.8	42.9	42.9
甘 肃 Gansu	66.9	68.9	28.5	30.3
青 海 Qinghai	64.9	65.2	8.9	10.7
宁 夏 Ningxia	61.7	63.2	50.7	51.4
新 疆 Xinjiang	70.1	73.6	45.4	49.0

注：缺西藏数字。Note: Figure for Tibet are not available.

各类场所食源性疾病暴发报告情况

Statistics of Foodborne Disease Outbreaks at Various Places

发生场所 Venue	事件数(个) Number of Cases		患者数(个) Number of Patients	
	2013	2014	2013	2014
合计 Total	**1001**	**1480**	**14413**	**17651**
餐饮服务单位 Catering service	505	661	9750	10752
单位食堂 Work unit canteen	173	178	2632	2558
学校食堂 School canteen	67	94	2844	2669
宾馆饭店 Hotels	200	258	3423	3989
街头摊点 Street vendors	38	54	544	645
快餐店 Fast food restaurant	22	54	175	460
送餐 Deliver meals	5	23	132	431
家庭 Family	415	592	3483	2383
其他 Others	81	227	1180	4516

注：其他是指除集体食堂、宾馆饭店、家庭、街头摊点、快餐店和送餐之外的其他饮食场所。

Note: Eating places that not listed in this table are sorted into "others" .

食品安全国家标准制定公布情况

The Release of National Food Safety Standards

年份	2011	2012	2013	2014
总计 Total	**20**	**116**	**80**	**80**
食品安全基础标准 Horizontal Food Safety Standards	4	3	2	1
食品产品标准 Food Product Standards	3	2	–	12
营养与特殊膳食食品标准 Nutrition and Foods for Special Dietary Uses Standards	–	–	1	1
食品检验方法标准 Food Analysis Method Standards	–	6	9	28
食品生产经营规范标准 Food Production and Operation Standards	–	–	2	1
食品添加剂标准 Food Additives Standards	12	101	66	37
食品相关产品标准 Food Related Products Standards	1	4	–	–
农药残留限量 Pesticide Residues Standards	1	–	–	–
兽药残留限量 Residues of Veterinary Drugs	–	–	9	–

被监督单位基本情况（2014年）

Statistics of Inspected Field (2014)

项目 Item	单位数 (个) Number of Cases	有效卫生许可 (资质)证份数 Number of Valid Health Licenses	从业人员数 (人) Number of Staffs	其中:持健康证 (资质)人数 Staffs with Health Certificates
公共场所卫生 Public Place Hygiene	1453695	1453695	8300260	8111247
饮用水卫生 Drinking Water Hygiene	64369	50006	364335	299313
放射卫生 Radiation Health	47689	47689	–	–
涉水产品 Water Related Products	4089	–	101278	64222
消毒产品 Disinfection Products	4668	4668	72131	66361

卫生监督和监测情况（2014年）

Statistics of Health Supervision and Surveillance (2014)

项目 Item	监督户次数 Household-times Supervised	合格率 Qualified Rate (%)	监测件数 Supervised Cases	合格率 Qualified Rate (%)
公共场所卫生 Public Place Hygiene	2619664	99.19	2735470	97.41
饮用水卫生 Drinking Water Hygiene	146266	99.44	86748	94.25
消毒产品 Disinfection Products	24799	96.76	12959	95.86
涉水产品 Water Related Products	5708	99.70	288	100.00

建设项目卫生审查情况（2014年）

Statistics of Hygiene Examinations of Construction Projects (2014)

项目 Item	建设项目数(个) Number of Constrcution Projects	选址和设计卫生审查 Examinations of Project Siting and Design		竣工验收卫生审查 Examinations of Acceptance Check	
		通过 Pass	未通过 Fail	通过 Pass	未通过 Fail
总计 Total	**31508**	**27874**	**299**	**20838**	**303**
公共场所卫生 Public Place Hygiene	25031	23567	13	17688	91
饮用水卫生 Drinking Water Hygiene	1230	830	234	634	130
放射卫生 Radiation Health	1413	1026	19	976	82
其他 Others	3834	2451	33	1540	0

卫生行政处罚情况（2014年）

Statistics of Administrative Punishments (2014)

项目 Item	案件数(件) Number of Cases	处罚决定(件) Punishments				行政措施(起) Administrative Measures	
		警告 Warning	罚款 Fine	责令停产停业 Ordering to Suspend Production &Operation	吊销卫生许可证 Revoking Hygiene Licenses	责令改正 Rectification	取缔 Ban
公共场所卫生 Public Place Hygiene	31351	26103	27399	105	30	12367	–
饮用水卫生 Drinking Water Hygiene	1778	–	1499	–	–	669	–
学校卫生 School Hygiene	967	828	–	–	–	484	–
职业卫生 Occupational Health	15	15	8	–	–	6	–
放射卫生 Radiation Health	1777	1454	1302	–	–	722	–
传染病防治 Prevention & Control of Infectious Diseases	12195	6326	10307	–	1	4246	–
医疗卫生 Medical Services	23109	11026	19600	–	80	9820	94
无证行医 Uncertified or Unlicensed Practitioners	14893	–	13435	–	–	–	4673
采供血卫生 Blood Gathering and Supply	30	19	26	–	1	15	–

三、医疗服务（医院）
Health Services (Hospitals)

医疗卫生机构诊疗人次及入院人数

Number of Visits and Inpatients in Health Care Institutions

年份 Year	诊疗人次(亿人次) Visits (100 Million)	医院 Hospitals	基层医疗卫生机构 Grass-roots Health Care Institutions	入院人数(万人) Inpatients (10000)	医院 Hospitals	基层医疗卫生机构 Grass-roots Health Care Institutions
2005	40.97	13.87	25.94	7184	5108	1675
2010	58.38	20.40	36.12	14174	9524	3950
2011	62.71	22.59	38.06	15298	10755	3775
2012	68.88	25.42	41.09	17857	12727	4254
2013	73.14	27.42	43.24	19215	14007	4300
2014	76.02	29.72	43.64	20441	15375	4094

各类医疗卫生机构诊疗人次及入院人数（2014年）

Number of Visits and Inpatients in Health Care Institutions (2014)

机构名称 Institution	诊疗人次数 Visits		入院人数 Inpatients	
	亿人次 (100 Millions)	构成 (%)	万人 (10000)	构成 (%)
总计 Total	**76.02**	**100.0**	**20441**	**100.0**
医院 Hospitals	29.72	39.1	15375	75.2
基层医疗卫生机构 Grass-roots Health Care Institutions	43.64	57.4	4094	20.0
其他机构 Others	2.66	3.5	972	4.8

各地区医疗卫生机构诊疗人次（2014年）

Number of Visits in Health Care Institutions by Region (2014)

地 区 Region	诊疗人次 Visits (10000)	地 区 Region	诊疗人次 Visits (10000)
总 计 Total	**760186.6**	江 西 Jiangxi	21087.1
东 部 Eastern	387706.0	山 东 Shandong	63126.6
中 部 Central	197344.8	河 南 Henan	54963.1
西 部 Western	175135.8	湖 北 Hubei	34475.2
		湖 南 Hunan	25050.7
北 京 Beijing	21359.9	广 东 Guangdong	78094.8
天 津 Tianjin	11577.5	广 西 Guangxi	24932.6
河 北 Hebei	41289.4	海 南 Hainan	4531.3
山 西 Shanxi	12767.4	重 庆 Chongqing	13798.0
内蒙古 Inner Mongolia	10033.6	四 川 Sichuan	44520.6
辽 宁 Liaoning	18451.3	贵 州 Guizhou	13016.0
吉 林 Jilin	10634.9	云 南 Yunnan	21890.2
黑龙江 Heilongjiang	12084.5	西 藏 Tibet	1313.1
上 海 Shanghai	25059.7	陕 西 Shaanxi	17508.5
江 苏 Jiangsu	52578.6	甘 肃 Gansu	12328.7
浙 江 Zhejiang	50425.0	青 海 Qinghai	2253.4
安 徽 Anhui	26282.0	宁 夏 Ningxia	3562.1
福 建 Fujian	21211.9	新 疆 Xinjiang	9979.0

各地区医疗卫生机构入院人数（2014年）

Number of Inpatients in Health Care Institutions by Region (2014)

地区 Region	入院人数 Inpatients (10000)	地区 Region	入院人数 Inpatients (10000)
总计 Total	**20441.2**	江西 Jiangxi	696.6
东部 Eastern	7786.6	山东 Shandong	1501.8
中部 Central	6461.6	河南 Henan	1447.1
西部 Western	6193.0	湖北 Hubei	1053.5
		湖南 Hunan	1226.6
北京 Beijing	269.8	广东 Guangdong	1392.8
天津 Tianjin	148.7	广西 Guangxi	832.8
河北 Hebei	980.6	海南 Hainan	97.1
山西 Shanxi	391.3	重庆 Chongqing	551.3
内蒙古 Inner Mongolia	300.5	四川 Sichuan	1508.8
辽宁 Liaoning	635.2	贵州 Guizhou	640.1
吉林 Jilin	335.5	云南 Yunnan	728.5
黑龙江 Heilongjiang	489.6	西藏 Tibet	22.9
上海 Shanghai	318.6	陕西 Shaanxi	595.7
江苏 Jiangsu	1152.0	甘肃 Gansu	338.6
浙江 Zhejiang	756.3	青海 Qinghai	86.5
安徽 Anhui	821.4	宁夏 Ningxia	96.4
福建 Fujian	533.7	新疆 Xinjiang	490.8

各类医院诊疗人次数（亿人次）

Number of Visits in Hospitals (100 Millions)

医院名称 Hospital	2005	2010	2011	2012	2013	2014
总计 Total	**13.87**	**20.40**	**22.59**	**25.42**	**27.42**	**29.72**
按经济类型分 By Ownership						
公立医院 Public Hospitals	13.20	18.74	20.53	22.89	24.55	26.47
民营医院 Non-public Hospitals	0.67	1.66	2.06	2.53	2.87	3.25
按医院等级分 By Level						
#三级医院 Third-level Hospitals	3.97	7.60	8.98	10.87	12.38	13.98
二级医院 Second-level Hospitals	5.42	9.31	9.92	10.55	10.92	11.47
一级医院 First-level Hospitals	1.05	1.46	1.53	1.68	1.76	1.85
按类别分 By Category						
#综合医院 General Hospitals	10.58	15.11	16.74	18.74	20.16	21.82
中医医院 TCM Hospitals	2.14	3.28	3.61	4.07	4.37	4.72
专科医院 Specialized Hospitals	0.95	1.68	1.88	2.16	2.36	2.59

各地区医院诊疗人次（2014年）

Number of Visits in Hospitals by Region (2014)

地区 Region	合计 Total (10000)	公立医院 Public Hospitals (10000)	民营医院 Non-public Hospitals (10000)
总计 Total	**297207.0**	**264741.6**	**32465.4**
东部 Eastern	166284.9	148026.2	18258.7
中部 Central	66026.7	59537.5	6489.2
西部 Western	64895.4	57178.0	7717.4
北京 Beijing	14235.4	12818.3	1417.0
天津 Tianjin	7020.2	5668.7	1351.5
河北 Hebei	11161.0	9843.2	1317.8
山西 Shanxi	4797.9	4298.2	499.6
内蒙古 Inner Mongolia	4215.3	3827.7	387.5
辽宁 Liaoning	8735.3	8004.2	731.1
吉林 Jilin	4808.9	4382.0	426.9
黑龙江 Heilongjiang	6056.9	5581.0	475.9
上海 Shanghai	14029.6	13141.9	887.7
江苏 Jiangsu	23003.1	18491.7	4511.5
浙江 Zhejiang	23936.9	21976.5	1960.5
安徽 Anhui	9007.3	7471.1	1536.1
福建 Fujian	9339.2	8479.4	859.7
江西 Jiangxi	5692.6	5307.6	384.9
山东 Shandong	17956.9	15768.9	2188.0

续表 Continued

地 区	Region	合计 Total (10000)	公立医院 Public Hospitals (10000)	民营医院 Non-public Hospitals (10000)
河 南	Henan	15883.6	14299.5	1584.1
湖 北	Hubei	11218.4	10409.0	809.5
湖 南	Hunan	8561.2	7789.1	772.1
广 东	Guangdong	35297.5	32372.3	2925.2
广 西	Guangxi	8321.7	7928.3	393.4
海 南	Hainan	1569.8	1461.0	108.8
重 庆	Chongqing	5512.4	4910.7	601.7
四 川	Sichuan	15274.5	13069.0	2205.5
贵 州	Guizhou	4480.7	3516.2	964.4
云 南	Yunnan	8343.0	7007.8	1335.2
西 藏	Tibet	476.8	423.1	53.6
陕 西	Shaanxi	6901.3	6037.6	863.7
甘 肃	Gansu	3759.6	3531.8	227.7
青 海	Qinghai	1043.4	953.4	90.1
宁 夏	Ningxia	1678.5	1507.0	171.5
新 疆	Xinjiang	4888.4	4465.3	423.1

各类医院入院人数（万人）

Number of Inpatients in Hospitals (10000)

医院名称 Hospital	2005	2010	2011	2012	2013	2014
总计 Total	**5108**	**9524**	**10755**	**12727**	**14007**	**15375**
按经济类型分 By Ownership						
#公立医院 Public Hospitals	4900	8724	9707	11331	12315	13415
民营医院 Non-public Hospitals	208	800	1047	1396	1692	1960
按医院等级分 By Level						
#三级医院 Third-level Hospitals	1418	3097	3717	4726	5450	6291
二级医院 Second-level Hospitals	2298	5116	5567	6242	6621	7006
一级医院 First-level Hospitals	207	464	536	649	729	798
按类别分 By Category						
#综合医院 General Hospitals	4153	7505	8431	9915	10848	11844
中医医院 TCM Hospitals	567	1168	1349	1642	1827	2011
专科医院 Specialized Hospitals	339	733	844	1004	1132	1287

各地区医院入院人数（2014年）

Number of Inpatients in Hospitals by Region (2014)

地 区　Region	合计 Total (10000)	公立医院 Public Hospitals (10000)	民营医院 Non-public Hospitals (10000)
总 计　Total	**15375.1**	**13414.8**	**1960.3**
东 部　Eastern	6334.6	5574.8	759.8
中 部　Central	4670.3	4161.5	508.8
西 部　Western	4370.3	3678.5	691.8
北 京　Beijing	256.2	227.2	29.1
天 津　Tianjin	137.6	123.1	14.4
河 北　Hebei	767.0	687.5	79.5
山 西　Shanxi	326.8	290.7	36.1
内蒙古　Inner Mongolia	249.1	229.3	19.7
辽 宁　Liaoning	558.4	498.2	60.2
吉 林　Jilin	303.6	272.3	31.2
黑龙江　Heilongjiang	411.7	379.4	32.3
上 海　Shanghai	294.7	280.4	14.2
江 苏　Jiangsu	942.6	735.6	207.0
浙 江　Zhejiang	682.5	617.8	64.7
安 徽　Anhui	620.0	510.9	109.1
福 建　Fujian	412.1	363.9	48.2
江 西　Jiangxi	431.9	385.1	46.7
山 东　Shandong	1129.9	1000.8	129.2

续表 Continued

地 区 Region	合计 Total (10000)	公立医院 Public Hospitals (10000)	民营医院 Non-public Hospitals (10000)
河 南 Henan	1052.6	948.1	104.5
湖 北 Hubei	733.8	672.1	61.7
湖 南 Hunan	790.0	702.9	87.2
广 东 Guangdong	1075.0	964.6	110.4
广 西 Guangxi	477.9	453.0	25.0
海 南 Hainan	78.5	75.7	2.8
重 庆 Chongqing	347.4	277.4	70.0
四 川 Sichuan	989.5	786.8	202.7
贵 州 Guizhou	444.6	322.4	122.2
云 南 Yunnan	551.6	438.9	112.7
西 藏 Tibet	18.5	16.8	1.8
陕 西 Shaanxi	488.2	425.0	63.2
甘 肃 Gansu	262.7	246.8	15.8
青 海 Qinghai	71.4	63.1	8.3
宁 夏 Ningxia	86.6	77.7	8.9
新 疆 Xinjiang	382.7	341.2	41.6

各级公立医院诊疗人次及入院人数

Number of Visits and Inpatients in Public Hospitals

	2010	2011	2012	2013	2014
诊疗人次（亿人次） Visits (100 Millions)	**18.74**	**20.53**	**22.89**	**24.55**	**26.47**
#三级医院 Third-level Hospitals	7.53	8.84	10.67	12.15	13.69
二级医院 Second-level Hospitals	9.02	9.56	10.10	10.36	10.81
一级医院 First-level Hospitals	1.02	0.99	1.03	1.01	0.98
入院人数（万人） Inpatients (10000)	**8724**	**9707**	**11331**	**12315**	**13415**
#三级医院 Third-level Hospitals	3065	3654	4632	5338	6143
二级医院 Second-level Hospitals	4941	5342	5954	6258	6571
一级医院 First-level Hospitals	287	291	323	325	320

医院分科诊疗人次及构成

Number & Percentage of Visits in Hospitals by Department

科别 Department	门急诊人次 Number of Vsits (10000)		构成 (%)	
	2013	2014	2013	2014
总计 Total	**267902**	**290294**	**100.0**	**100.0**
预防保健科 Preventive Care Department	1647	1692	0.6	0.6
全科医疗科 General Practical Department	4915	4998	1.8	1.7
内科 Internal Medical Department	56490	61391	21.1	21.2
外科 Surgical Department	25653	27837	9.6	9.6
儿科 Pediatric Department	24453	25654	9.1	8.8
妇产科 Obs. & Gyn. Department	24386	26819	9.1	9.2
眼科 Ophthalmologic Department	7954	8564	3.0	3.0
耳鼻咽喉科 ENT Department	7449	7901	2.8	2.7
口腔科 Stomatologic Department	7921	8668	3.0	3.0
皮肤科 Dermatological Department	8078	8738	3.0	3.0
精神科 Psychiatric Department	3430	3750	1.3	1.3
传染科 Infectious Disease Department	3293	3672	1.2	1.3
肿瘤科 Oncology Department	2296	2603	0.9	0.9
急诊医学科 Emergency Department	12014	13213	4.5	4.6
康复医学科 Rehabilitation Medical Department	2367	2569	0.9	0.9
中医科 TCM Department	51302	55126	19.1	19.0
其他 Others	24254	27099	9.1	9.3

注：本表系医院分科门急诊人次数。

Note: Data in this table are outpatient and emergency visits in hospitals by department.

医院分科出院人数及构成

Number & Percentage of Hospital Inpatients by Department

科别 Department	出院人数 Inpatients (10000)		构成 (%)	
	2013	2014	2013	2014
总计 Total	**13929**	**15319**	**100.0**	**100.0**
预防保健科 Preventive Care Department	9.0	10.4	0.1	0.1
全科医疗科 General Practical Department	121.6	130.7	0.9	0.9
内科 Internal Medical Department	3706.7	4105.7	26.6	26.8
外科 Surgical Department	2760.1	2963.8	19.8	19.4
儿科 Pediatric Department	1347.7	1401.4	9.7	9.2
妇产科 Obs. & Gyn. Department	1639.1	1805.1	11.8	11.8
眼科 Ophthalmologic Department	320.5	358.1	2.3	2.3
耳鼻咽喉科 ENT Department	247.9	261.9	1.8	1.7
口腔科 Stomatologic Department	51.6	54.4	0.4	0.4
皮肤科 Dermatological Department	38.4	43.5	0.3	0.3
精神科 Psychiatric Department	166.4	184.8	1.2	1.2
传染科 Infectious Disease Department	269.7	299.3	1.9	2.0
肿瘤科 Oncology Department	523.9	592.1	3.8	3.9
急诊医学科 Emergency Department	108.6	123.8	0.8	0.8
康复医学科 Rehabilitation Medical Department	122.8	157.0	0.9	1.0
中医科 TCM Department	1936.1	2141.2	13.9	14.0
其他 Others	558.7	685.8	4.0	4.4

非公医疗机构医疗服务情况

Health Services in Non-public Health Care Institutions

机构名称	2010	2011	2012	2013	2014
总诊疗人次数(万人次)	135036	148890	157178	163194	168331
Number of Visits （10000）					
#医院	16582	20629	25295	28667	32465
Hospitals					
基层医疗卫生机构	118258	127745	131053	134099	135442
Grass-roots Health Care Institutions					
占同类机构比重(%)	23.1	23.7	22.8	22.3	22.1
As % of same type Institutions					
#医院	8.1	9.1	10.0	10.5	10.9
Hospitals					
基层医疗卫生机构	32.7	33.6	31.9	31.0	31.0
Grass-roots Health Care Institutions					
出院人数(万人)	878	1128	1472	1750	2013
Number of Inpatients （10000）					
#医院	797	1046	1392	1669	1939
Hospitals					
基层医疗卫生机构	78	79	75	76	69
Grass-roots Health Care Institutions					
占同类机构比重(%)	6.2	7.4	8.3	9.2	9.9
As % of same type Institutions					
#医院	8.4	9.8	11.0	12.0	12.6
Hospitals					
基层医疗卫生机构	2.0	2.1	1.8	1.8	1.7
Grass-roots Health Care Institutions					

医院病床使用率（%）

Occupancy Rate of Hospital Beds (%)

	2005	2010	2011	2012	2013	2014
总计 Total	**70.3**	**86.7**	**88.5**	**90.1**	**89.0**	**88.0**
按经济类型分 By Ownership						
#公立医院 Public Hospitals	71.5	90.0	92.0	94.2	93.5	92.8
民营医院 Non-public Hospitals	49.8	59.0	62.3	63.2	63.4	63.1
按医院等级分 By Level						
#三级医院 Third-level Hospitals	90.5	102.9	104.2	104.5	102.9	101.8
二级医院 Second-level Hospitals	68.1	87.3	88.7	90.7	89.5	87.9
一级医院 First-level Hospitals	49.6	56.6	58.9	60.4	60.9	60.1
按类别分 By Category						
#综合医院 General Hospitals	70.4	87.5	89.3	91.0	89.8	88.8
中医医院 TCM Hospitals	65.0	84.1	86.3	88.6	88.6	87.3
专科医院 Specialized Hospitals	75.7	85.7	87.0	87.6	86.4	86.2

各地区医院病床使用率(2014年)

Occupancy Rate of Hospital Beds by Region (2014)

地 区 Region	合计 Total (%)	公立医院 Public Hospitals (%)	民营医院 Non-public Hospitals (%)
总　计 Total	88.05	92.80	63.06
东　部 Eastern	88.11	92.88	63.42
中　部 Central	88.72	92.45	63.65
西　部 Western	87.23	93.08	62.15
北　京 Beijing	83.17	89.93	52.82
天　津 Tianjin	83.85	89.82	51.86
河　北 Hebei	86.67	90.28	63.36
山　西 Shanxi	81.06	84.04	61.08
内蒙古 Inner Mongolia	75.98	79.25	50.26
辽　宁 Liaoning	87.70	91.86	59.91
吉　林 Jilin	80.32	85.79	48.19
黑龙江 Heilongjiang	82.37	85.89	50.90
上　海 Shanghai	97.11	99.56	75.05
江　苏 Jiangsu	90.28	96.75	71.89
浙　江 Zhejiang	92.49	97.77	65.46
安　徽 Anhui	87.68	92.74	68.18
福　建 Fujian	86.85	91.54	58.08
江　西 Jiangxi	93.17	95.93	71.18
山　东 Shandong	86.92	92.41	58.77

续表 Continued

地 区 Region	合计 Total (%)	公立医院 Public Hospitals (%)	民营医院 Non-public Hospitals (%)
河 南 Henan	91.17	93.49	72.93
湖 北 Hubei	96.14	100.11	62.71
湖 南 Hunan	89.50	93.99	60.47
广 东 Guangdong	86.27	90.36	60.90
广 西 Guangxi	95.06	97.38	63.86
海 南 Hainan	80.46	81.67	54.89
重 庆 Chongqing	88.46	94.15	67.69
四 川 Sichuan	92.00	99.98	66.58
贵 州 Guizhou	82.72	93.38	59.62
云 南 Yunnan	85.54	94.14	60.49
西 藏 Tibet	75.39	77.37	51.80
陕 西 Shaanxi	86.70	92.03	60.89
甘 肃 Gansu	83.42	84.62	67.80
青 海 Qinghai	81.33	84.58	58.43
宁 夏 Ningxia	87.75	92.67	58.95
新 疆 Xinjiang	86.80	91.95	52.21

医院平均住院日（日）

Average Length of Stay in Hospitals (Day)

医院名称 Hospital	2005	2010	2011	2012	2013	2014
总计 Total	**10.9**	**10.5**	**10.3**	**10.0**	**9.8**	**9.6**
按经济类型分 By Ownership						
#公立医院 Public Hospitals	10.9	10.7	10.5	10.2	10.0	9.8
民营医院 Non-public Hospitals	9.6	8.4	8.5	8.3	8.4	8.4
按医院等级分 By Level						
#三级医院 Third-level Hospitals	13.1	12.5	12.0	11.4	11.0	10.7
二级医院 Second-level Hospitals	9.7	9.4	9.3	9.1	9.0	8.8
一级医院 First-level Hospitals	9.8	9.1	9.1	8.9	9.0	9.1
按类别分 By Category						
#综合医院 General Hospitals	10.2	9.8	9.7	9.4	9.2	9.0
中医医院 TCM Hospitals	10.8	10.6	10.5	10.2	10.1	10.0
专科医院 Specialized Hospitals	18.9	17.3	16.1	15.5	14.9	14.4

医院医师日均担负诊疗人次和住院床日

Daily Visits and Inpatients per Physician in Hospitals

医院名称 Hospital	医师日均担负诊疗人次 Daily Visits per Physician		医师日均担负住院床日 Daily Inpatients per Physician	
	2013	2014	2013	2014
总计 Total	**7.3**	**7.5**	**2.6**	**2.6**
按经济类型分 By Ownership				
#公立医院 Public Hospitals	7.6	7.8	2.7	2.7
民营医院 Non-public Hospitals	5.6	5.8	2.0	2.1
按医院等级分 By Level				
#三级医院 Third-level Hospitals	8.3	8.4	2.8	2.8
二级医院 Second-level Hospitals	6.9	7.2	2.7	2.7
一级医院 First-level Hospitals	6.5	6.5	1.8	1.9
按类别分 By Category				
#综合医院 General Hospitals	7.3	7.6	2.5	2.6
中医医院 TCM Hospitals	7.9	8.2	2.3	2.4
专科医院 Specialized Hospitals	6.2	6.3	3.3	3.4

综合医院医师日均担负诊疗人次和住院床日

Daily Visits and Inpatients per Physician in General Hospitals

指标 Indicator	2013	2014
医师日均担负诊疗人次 Daily Visits per Physician	**7.7**	**8.0**
部属 Ministry Hospitals	10.8	11.0
省属 Provincial Hospitals	8.6	8.7
地级市属 Hospitals of Prefecture Cities	7.7	7.9
县级市属 Hospitals of County-level Cities	7.9	8.2
县属 County Hospitals	6.7	7.1
医师日均担负住院床日 Daily Inpatients per Physician	**2.7**	**2.7**
部属 Ministry Hospitals	2.6	2.5
省属 Provincial Hospitals	2.7	2.7
地级市属 Hospitals of Prefecture Cities	2.7	2.7
县级市属 Hospitals of County-level Cities	2.5	2.6
县属 County Hospitals	3.0	3.1

注: 本表系政府办综合医院数字。

Note: Data in this table are of government-run general hospitals.

医院收入与支出 (2014年)

Incomes and Expenditures of Hospitals (2014)

指标 Indicator	医院 Hospitals	公立医院 Public Hospitals	三级医院 Third-level Hospitals	二级医院 Second-level Hospitals	一级医院 First-level Hospitals
院均总收入（万元） Income per Hospital (10000 Yuan)	**8079**	**14610**	**66383**	**10153**	**1128**
医疗收入 Medical Income	7319	13149	60658	8972	916
内:药品收入 Drug Income	3061	5549	25591	3771	430
财政补助收入 Financial Subsidy	576	1126	4117	984	171
科教项目收入 Science and Education Project Income	31	60	394	6	2
其他收入 Others	154	276	1214	190	39
院均总支出（万元） Expenditure per Hospital (10000 Yuan)	**7710**	**13940**	**63152**	**9740**	**1085**
医疗业务成本 Medical Cost	6329	11597	53540	7923	761
内:药品费 Drug Expense	2641	4861	22460	3319	345
财政项目补助支出 Financial Subsidy Payment	239	467	2027	313	61
科教项目支出 Science and Education Project Payment	25	46	293	7	2
管理费用 Administrative Cost	916	1613	6660	1317	134
其他支出 Others	201	217	632	180	127
次均门诊费用（元） Average Medical Expense per Visit (Yuan)	**220.0**	**221.6**	**269.8**	**176.0**	**125.3**
#药费 Drug	106.3	109.3	136.0	82.8	66.4
人均住院费用（元） Average Medical Expense per Inpatient (Yuan)	**7832.3**	**8290.5**	**12100.2**	**5114.6**	**3737.1**
#药费 Drug	2998.5	3187.1	4610.1	2003.9	1519.8

统计范围：25324个医院。Note: Data in this table are of 25324 hospitals.

公立医院次均门诊费用

Average Medical Expense per Visit in Public Hospitals

年份 Year	次均门诊费用（元） Medical Expense per Visit (Yuan)	药费 Drug	检查费 Examination	占门诊费用% As % of Outpatient Expense 药费 Drug	检查费 Examination
合计 Total					
2010	167.3	87.4	30.8	48.5	18.4
2011	180.2	92.8	33.4	51.5	18.5
2012	193.4	99.3	36.2	51.3	18.7
2013	207.9	104.4	38.7	50.2	18.6
2014	221.6	109.3	41.8	49.3	18.9
#三级医院 Third-level Hospitals					
2010	220.2	117.6	37.9	53.4	17.2
2011	231.8	122.0	40.2	52.6	17.3
2012	242.1	126.7	42.7	52.3	17.6
2013	256.7	132.1	45.2	51.5	17.6
2014	269.8	136.0	48.4	50.4	17.9
二级医院 Second-level Hospitals					
2010	139.3	70.5	28.9	50.6	20.8
2011	147.6	73.6	31.0	49.9	21.0
2012	157.4	77.9	33.3	49.5	21.1
2013	166.2	79.6	35.2	47.9	21.2
2014	176.0	82.8	37.7	47.0	21.4
一级医院 First-level Hospitals					
2010	93.1	51.6	11.5	55.4	12.4
2011	103.9	56.1	13.4	54.0	12.8
2012	112.0	59.9	14.7	53.5	13.1
2013	119.8	64.2	15.6	53.6	13.1
2014	125.3	66.4	17.1	53.0	13.6

公立医院人均住院费用

Average Medical Expense per Inpatient in Public Hospitals

年份 Year	人均住院费用（元） Medical Expense per Inpatient (Yuan)	药费 Drug	检查费 Examination	占住院费用% As % of Inpatient Expense 药费 Drug	检查费 Examination
合计 Total					
2010	6415.9	2784.3	460.8	43.4	7.2
2011	6909.9	2903.7	518.5	42.0	7.5
2012	7325.1	3026.7	565.4	41.3	7.7
2013	7858.9	3116.3	629.8	39.7	8.0
2014	8290.5	3187.1	685.2	38.4	8.3
#三级医院 Third-level Hospitals					
2010	10442.4	4441.0	765.5	42.5	7.3
2011	10935.9	4480.4	838.7	41.0	7.7
2012	11186.8	4521.0	881.1	40.4	7.9
2013	11722.4	4578.3	952.1	39.1	8.1
2014	12100.2	4610.1	1007.0	38.1	8.3
二级医院 Second-level Hospitals					
2010	4338.6	1944.8	303.4	44.8	7.0
2011	4564.2	1999.2	332.3	43.8	7.3
2012	4729.4	2033.3	352.4	43.0	7.5
2013	4968.3	2028.4	389.0	40.8	7.8
2014	5114.6	2003.9	417.4	39.2	8.2
一级医院 First-level Hospitals					
2010	2844.3	1243.7	185.9	43.7	6.5
2011	3121.3	1364.4	207.0	43.7	6.6
2012	3285.0	1411.3	236.1	43.0	7.2
2013	3561.9	1471.2	277.7	41.3	7.8
2014	3737.1	1519.8	311.5	40.7	8.3

综合医院收入与支出(2014年)
Incomes and Expenditures of General Hospitals (2014)

指标 Indicator	合计 Total	部属 Ministry Hospital	省属 Provincial Hospital	地级市属 Hospital of Prefecture City	县级市属 Hospital of County Level City	县属 County Hospital
院均总收入(万元) Income per Hospital (10000 Yuan)	**27341**	**328159**	**129932**	**46178**	**16056**	**11226**
医疗收入 Medical Income	24861	296484	119110	42091	14536	10124
#药品收入 Drug Income	10188	127232	49158	17485	5859	3993
财政补助收入 Financial Subsidy	1911	17333	7419	3328	1207	938
科教项目收入 Science and Education Project Income	104	6601	945	81	12	2
其他收入 Others	465	7741	2458	678	301	162
院均总支出(万元) Expenditure per Hospital (10000 Yuan)	**26066**	**309809**	**124290**	**43934**	**15457**	**10619**
医疗业务成本 Medical Cost	22034	265056	107043	37087	13010	8775
#药品费 Drug Expense	9052	110593	43588	15357	5329	3580
财政项目补助支出 Financial Subsidy Payment	761	8569	3805	1435	401	262
科教项目支出 Science and Education Project Payment	79	4613	659	78	8	5
管理费用 Administrative Cost	2966	29102	11693	5043	1883	1458
其他支出 Others	225	2468	1090	290	155	119
次均门诊费用(元) Average Medical Expense per Visit (Yuan)	**224.9**	**409.4**	**316.9**	**233.9**	**183.3**	**162.1**
#药费 Drug	105.6	218.0	156.7	113.1	80.9	67.3
人均住院费用(元) Average Medical Expense per Inpatient (Yuan)	**8397.3**	**20535.5**	**15948.5**	**10409.5**	**6359.9**	**4401.3**
#药费 Drug	3196.5	7621.2	5989.9	3989.5	2426.7	1694.7

综合医院次均门诊费用

Average Medical Expense per Visit in General Hospitals

年份 Year	次均门诊费用（元） Medical Expense Per Visit (Yuan)			占门诊费用% As % of Outpatient Expense	
		药费 Drug	检查费 Examination	药费 Drug	检查费 Examination
合计 Total					
2013	211.5	101.3	44.3	47.9	20.9
2014	224.9	105.6	47.6	47.0	21.2
部属 Ministry Hospitals					
2013	384.1	204.5	61.0	53.2	15.9
2014	409.4	218.0	66.2	53.3	16.2
省属 Provincial Hospitals					
2013	302.2	152.8	54.5	50.6	18.0
2014	316.9	156.7	57.7	49.5	18.2
地级市属 Hospitals of Prefecture Cities					
2013	221.1	109.0	45.4	49.3	20.5
2014	233.9	113.1	48.8	48.4	20.9
县级市属 Hospitals of County-level Cities					
2013	170.7	77.1	37.4	45.2	21.9
2014	183.3	80.9	40.6	44.2	22.1
县属 County Hospitals					
2013	151.6	64.2	40.5	42.4	26.7
2014	162.1	67.3	43.6	41.5	26.9

注：本表系政府办综合医院数字。

Note: Data in this table are of government-run general hospitals.

综合医院人均住院费用

Average Medical Expense per Inpatient in General Hospitals

年份 Year	人均住院费用（元） Medical Expense Per Inpatient (Yuan)			占住院费用% As % of Inpatient Expense	
		药费 Drug	检查费 Examination	药费 Drug	检查费 Examination
合计 Total					
2013	7968.3	3124.7	647.8	39.2	8.1
2014	8397.3	3196.5	704.8	38.1	8.4
部属 Ministry Hospitals					
2013	19539.3	7236.9	1302.7	37.0	6.7
2014	20535.5	7621.2	1394.5	37.1	6.8
省属 Provincial Hospitals					
2013	15246.3	5878.2	1197.1	38.6	7.9
2014	15948.5	5989.9	1272.5	37.6	8.0
地级市属 Hospitals of Prefecture Cities					
2013	9924.8	3895.6	869.3	39.3	8.8
2014	10409.5	3989.5	939.9	38.3	9.0
县级市属 Hospitals of County-level Cities					
2013	6054.9	2397.9	491.8	39.6	8.1
2014	6359.9	2426.7	540.1	38.2	8.5
县属 County Hospitals					
2013	4191.8	1693.0	326.6	40.4	7.8
2014	4401.3	1694.7	360.6	38.5	8.2

注：本表系政府办综合医院数字。

Note: Data in this table are of government-run general hospitals.

居民两周患病率

Two-week Morbidity Rates

指标 Indicator	合计 Total		城市 Urban		农村 Rural	
	2008	2013	2008	2013	2008	2013
两周患病率(‰)	**188.6**	**257.1**	**222.0**	**300.5**	**176.7**	**215.8**
Two-week Morbidity Rate						
男性 Male	170.4	238.6	202.6	285.6	159.4	195.3
女性 Female	206.8	275.2	240.4	314.8	194.3	236.4
年龄别两周患病率(‰)						
Two-week Morbidity Rate By Age Group						
0～4	174.2	107.4	146.7	116.3	179.8	100.9
5～14	76.9	54.9	63.9	60.5	79.8	50.9
15～24	49.7	39.7	50.6	45.4	49.5	34.8
25～34	74.9	60.9	63.2	65.1	79.6	55.9
35～44	136.0	135.1	101.6	140.9	147.6	129.3
45～54	227.2	262.7	213.8	286.2	232.8	242.0
55～64	322.7	447.7	355.1	500.9	310.0	395.3
65+	465.9	655.9	580.9	773.0	398.2	519.2

资料来源：2008、2013年国家卫生服务调查，以下3表同。

Source: National Health Services Survey in 2008 and 2013. The following 3 tables are from the same survey.

疾病别两周患病率（2008年)

Two-week Morbidity Rates by Disease (2008)

顺序 Rank	合计 Total		城市 Urban		农村 Rural	
	疾病名称 Diseases	患病率 MR (‰)	疾病名称 Diseases	患病率 MR (‰)	疾病名称 Diseases	患病率 MR (‰)
1	高血压 Hypertension	31.4	高血压 Hypertension	60.8	高血压 Hypertension	20.9
2	急性上感 Acute Upper Respiratory Infections	18.2	糖尿病 Diabetes Mellitus	15.5	急性上感 Acute Upper Respiratory Infections	20.3
3	急性鼻咽炎 Acute Nasopharyngitis	15.4	急性鼻咽炎 Acute Nasopharyngitis	13.8	急性鼻咽炎 Acute Nasopharyngitis	16.0
4	胃肠炎 Gastroenteritis	13.6	急性上感 Acute Upper Respiratory Infections	12.4	胃肠炎 Gastroenteritis	15.4
5	类风湿关节炎 Rheumatoid Arthritis	7.6	胃肠炎 Gastroenteritis	8.6	类风湿关节炎 Rheumatoid Arthritis	8.6
6	椎间盘疾病 Intervertebral Disc Disorders	6.8	缺血性心脏病 Ischaemic Heart Disease	7.9	椎间盘疾病 Intervertebral Disc Disorders	6.9
7	糖尿病 Diabetes Mellitus	6.0	脑血管病 Cerebrovascular Disease	7.7	脑血管病 Cerebrovascular Disease	5.2
8	脑血管病 Cerebrovascular Disease	5.8	椎间盘疾病 Intervertebral Disc Disorders	6.5	慢性阻塞性肺病 COPD	4.4
9	流行性感冒 Flu	4.4	类风湿关节炎 Rheumatoid Arthritis	4.8	流行性感冒 Flu	4.3
10	慢性阻塞性肺病 COPD	4.1	流行性感冒 Flu	4.7	胆结石胆囊炎 Cholelith & Cholecystitis	3.0

疾病别两周患病率（2013年）

Two-week Morbidity Rates by Disease (2013)

顺序 Rank	合计 Total		城市 Urban		农村 Rural	
	疾病名称 Diseases	患病率 MR (‰)	疾病名称 Diseases	患病率 MR (‰)	疾病名称 Diseases	患病率 MR (‰)
1	高血压 Hypertension	104.7	高血压 Hypertension	129.9	高血压 Hypertension	80.8
2	糖尿病 Diabetes Mellitus	27.9	糖尿病 Diabetes Mellitus	40.9	急性鼻咽炎 Acute Nasopharyngitis	18.1
3	急性鼻咽炎 Acute Nasopharyngitis	19.3	急性鼻咽炎 Acute Nasopharyngitis	20.6	糖尿病 Diabetes Mellitus	15.5
4	急性上感 Acute Upper Respiratory Infections	12.3	急性上感 Acute Upper Respiratory Infections	12.5	急性上感 Acute Upper Respiratory Infections	12.1
5	胃肠炎 Gastroenteritis	7.9	胃肠炎 Gastroenteritis	7.3	胃肠炎 Gastroenteritis	8.5
6	椎间盘疾病 Intervertebral Disc Disorders	6.6	脑血管病 Cerebrovascular Disease	6.7	椎间盘疾病 Intervertebral Disc Disorders	7.3
7	脑血管病 Cerebrovascular Disease	6.4	椎间盘疾病 Intervertebral Disc Disorders	5.9	脑血管病 Cerebrovascular Disease	6.2
8	类风湿关节炎 Rheumatoid Arthritis	4.5	缺血性心脏病 Ischaemic Heart Disease	5.0	类风湿关节炎 Rheumatoid Arthritis	5.1
9	流行性感冒 Flu	4.3	流行性感冒 Flu	4.0	流行性感冒 Flu	4.6
10	缺血性心脏病 Ischaemic Heart Disease	4.0	类风湿关节炎 Rheumatoid Arthritis	3.9	慢性阻塞性肺病 COPD	3.2

居民慢性病患病率

Morbidity Rates of Chronic Diseases

指标 Indicator	合计 Total		城市 Urban		农村 Rural	
	2008	2013	2008	2013	2008	2013
慢性病患病率(‰) Morbidity Rate of Chronic Diseases						
按人数计算 Computed by Patients	157.4	243.0	205.3	260.8	140.4	225.1
按例数计算 Computed by Cases	199.9	327.2	282.8	362.7	170.5	291.7
居民前十种慢性疾病患病率(‰) Morbidity Rates of 10 Main Chronic Diseases						
高血压 Hypertension	54.9	139.8	100.8	159.1	38.5	120.5
胃肠炎 Gastroenteritis	10.7	12.0	7.9	10.8	11.7	13.2
糖尿病 Diabetes Mellitus	10.7	34.2	27.5	47.6	4.8	20.9
类风湿关节炎 Rheumatoid Arthritis	10.2	9.7	7.2	8.0	11.3	11.4
脑血管病 Cerebrovascular Disease	9.7	12.2	13.6	12.1	8.3	12.3
椎间盘疾病 Intervertebral Disorders	9.5	14.7	10.2	13.3	9.3	16.1
慢性阻塞性肺病 COPD	6.9	7.2	6.6	6.2	7.1	8.1
缺血性心脏病 Ischaemic Heart Disease	6.0	7.6	12.7	8.9	3.7	6.2
胆结石胆囊炎 Cholelith and Cholecystitis	5.1	5.0	5.0	4.9	5.2	5.1
消化性溃疡 Peptic Ulcer	3.3	2.4	2.8	2.1	3.5	2.6

居民两周就诊情况

Statistics of Two-week Medical Consultation

指标 Indicator	合计Total		城市 Urban		农村 Rural	
	2008	2013	2008	2013	2008	2013
两周就诊率(‰)	145.4	130.4	127.2	132.9	151.9	128.0
Two-week Medical Consultation Rate (‰)						
男性 Male	131.3	119.3	113.0	122.2	137.6	116.7
女性 Female	159.5	141.2	140.4	143.1	166.6	139.3
两周新发未就诊比例(%)	38.2	30.5	47.9	36.3	35.6	25.0
Two-weeks Rate of Untreated Patients (%)						
男性 Male	38.1	30.0	47.8	36.4	35.7	24.1
女性 Female	38.2	31.0	48.0	36.2	35.4	25.8

资料来源:2008、2013年国家卫生服务调查。下表同。

Source: National Health Services Survey in 2008 and 2013. The same for the table below.

居民住院情况

Statistics of Residents Hospitalization

指标 Indicator	合计Total		城市 Urban		农村 Rural	
	2008	2013	2008	2013	2008	2013
住院率(‰)	68.4	90.4	70.8	90.8	67.5	90.0
Hospitalization Rate(‰)						
男性 Male	60.4	80.0	65.8	81.8	58.5	78.3
女性 Female	76.4	100.6	75.6	99.3	76.7	101.9

城市医院住院病人前十位疾病构成

Percentage of 10 Leading Diseases of Inpatients in City Hospitals

顺序 Rank	2013		2014	
	疾病种类 Diseases (ICD-10)	构成 (%)	疾病种类 Diseases (ICD-10)	构成 (%)
1	呼吸系病 Diseases of the Respiratory System	11.17	呼吸系病 Diseases of the Respiratory System	10.88
2	消化系病 Diseases of the Digestive System	9.84	消化系病 Diseases of the Digestive System	10.08
3	妊娠、分娩和产褥期病 Pregnancy,childbirth & the Puerperium	7.26	妊娠、分娩和产褥期病 Pregnancy,childbirth & the Puerperium	7.36
4	损伤、中毒和外因 Injury, Poisoning & External Causes	7.00	损伤、中毒和外因 Injury, Poisoning & External Causes	6.61
5	泌尿生殖系病 Diseases of the Genitourinary System	6.39	泌尿生殖系病 Diseases of the Genitourinary System	6.56
6	恶性肿瘤 Malignant Neoplasms	6.31	恶性肿瘤 Malignant Neoplasms	6.08
7	脑血管病 Cerebrovascular Disease	5.44	脑血管病 Cerebrovascular Disease	5.59
8	缺血性心脏病 Ischaemic Heart Disease	4.86	缺血性心脏病 Ischaemic Heart Disease	5.06
9	内分泌、营养和代谢疾病 Endocrine,Nutritional & Metabolic Diseases	3.87	内分泌、营养和代谢疾病 Endocrine,Nutritional & Metabolic Diseases	3.92
10	肌肉骨骼系统和结缔组织疾病 Musculoskeletal System and Connective Tissue Diseases	3.72	肌肉骨骼系统和结缔组织疾病 Musculoskeletal System and Connective Tissue Diseases	3.65
	十种疾病合计 Total	**65.86**	**十种疾病合计 Total**	**65.79**

注：本表系政府办综合医院数字。

Note: Data in this table are of government-run general hospitals.

县级医院住院病人前十位疾病构成

Percentage of 10 Leading Diseases of Inpatients in County-level Hospitals

顺序 Rank	2013		2014	
	疾病种类 Diseases (ICD-10)	构成 (%)	疾病种类 Diseases (ICD-10)	构成 (%)
1	呼吸系病 Diseases of the Respiratory System	16.78	呼吸系病 Diseases of the Respiratory System	17.31
2	妊娠、分娩和产褥期病 Pregnancy, Childbirth and the Puerperium	12.60	妊娠、分娩和产褥期病 Pregnancy, Childbirth and the Puerperium	12.51
3	消化系病 Diseases of the Digestive System	11.13	消化系病 Diseases of the Digestive System	10.84
4	损伤、中毒和外因 Injury, Poisoning and External Causes	11.11	损伤、中毒和外因 Injury, Poisoning and External Causes	10.56
5	脑血管病 Cerebrovascular Disease	6.54	脑血管病 Cerebrovascular Disease	6.69
6	泌尿生殖系病 Disease of the Genitourinary System	5.28	泌尿生殖系病 Disease of the Genitourinary System	5.38
7	缺血性心脏病 Ischaemic Heart Disease	4.10	缺血性心脏病 Ischaemic Heart Disease	4.23
8	传染病和寄生虫病 Certain Infectious & Parasitic Diseases	4.06	传染病和寄生虫病 Certain Infectious & Parasitic Diseases	4.19
9	恶性肿瘤 Malignant Neoplasms	2.86	恶性肿瘤 Malignant Neoplasms	4.06
10	肌肉骨骼系统和结缔组织疾病 Musculoskeletal System and Connective Tissue Diseases	2.76	肌肉骨骼系统和结缔组织疾病 Musculoskeletal System and Connective Tissue Diseases	2.93
	十种疾病合计 Total	**77.22**	**十种疾病合计 Total**	**78.69**

注：①本表系政府办综合医院数字；②县级医院包括县和县级市医院。

Note: ①Data in this table are of government-run general hospitals. ②County-level hospitals include county hospitals and hospitals of county-level cities.

四、基层卫生服务

Grass-roots Health Care Services

基层医疗卫生机构诊疗人次（亿人次）

Number of Visits in Grass-roots Health Care Institutions(100 Millions)

	2005	2010	2011	2012	2013	2014
总计 Total	**25.94**	**36.12**	**38.06**	**41.09**	**43.24**	**43.64**
社区卫生服务中心 Community Health Centers	0.59	3.47	4.09	4.55	5.08	5.36
#政府办 Governmental-run	0.54	3.22	3.71	4.03	4.22	4.43
社区卫生服务站 Community Health Stations	0.63	1.37	1.37	1.44	1.49	1.49
#政府办 Government-run		0.43	0.46	0.41	0.40	0.35
街道卫生院 Sub-district Health Centers	0.20	0.27	0.11	0.10	0.10	0.09
乡镇卫生院 Township Health Centers	6.79	8.74	8.66	9.68	10.07	10.29
#政府办 Government-run	6.68	8.62	8.56	9.60	10.00	10.21
村卫生室 Village Clinics	12.34	16.57	17.92	19.27	20.12	19.86
门诊部 Outpatient Departments	0.42	0.66	0.71	0.75	0.84	0.88
诊所(医务室) Clinics	4.95	5.03	5.19	5.30	5.54	5.67

各地区基层医疗卫生机构诊疗人次（2014年）

Number of Visits in Grass-roots Health Care Institutions by Region (2014)

地 区 Region	诊疗量合计 Total Visits (10000)	社区卫生服务中心 Community Health Center	社区卫生服务站 Community Health Station	乡镇卫生院 Township Health Center	村卫生室 Village Clinic
总 计 Total	**436394.9**	**53618.8**	**14912.0**	**102865.9**	**198628.7**
东 部 Eastern	207760.6	42301.2	7861.3	41328.9	84326.0
中 部 Central	124998.0	6083.9	3983.2	30413.3	70846.9
西 部 Western	103636.3	5233.7	3067.5	31123.7	43455.9
北 京 Beijing	6504.6	4323.9	533.6	–	403.8
天 津 Tianjin	4264.5	1739.8	3.3	663.1	1068.2
河 北 Hebei	29010.7	654.5	1029.2	4374.6	19747.7
山 西 Shanxi	7656.9	360.4	426.4	1502.7	3646.8
内蒙古 Inner Mongolia	5463.0	387.7	425.6	1233.0	2164.4
辽 宁 Liaoning	9388.4	953.5	528.2	1638.0	4103.0
吉 林 Jilin	5588.7	390.7	59.3	987.3	2948.4
黑龙江 Heilongjiang	5694.2	646.7	174.9	945.6	3047.2
上 海 Shanghai	10319.5	8488.4	0.0	–	700.3
江 苏 Jiangsu	28365.3	5987.8	1383.5	8065.6	9256.8
浙 江 Zhejiang	24570.8	7926.4	498.1	8351.3	3812.7
安 徽 Anhui	16687.7	986.1	1030.8	4428.0	8986.5
福 建 Fujian	10797.4	1068.6	339.2	2426.4	4614.8
江 西 Jiangxi	14464.5	328.3	334.2	2926.6	9746.9
山 东 Shandong	43098.2	1735.7	1421.5	7942.3	26637.6

续表 Continued

地区 Region	诊疗量合计 Total Visits (10000)	社区卫生服务中心 Community Health Center	社区卫生服务站 Community Health Station	乡镇卫生院 Township Health Center	村卫生室 Village Clinic
河南 Henan	37558.9	1118.7	1046.6	9648.7	23353.1
湖北 Hubei	21940.3	1439.1	681.7	5907.5	11183.0
湖南 Hunan	15406.7	813.9	229.1	4066.9	7934.9
广东 Guangdong	38717.4	9315.5	1922.1	6746.2	13228.1
广西 Guangxi	14836.4	651.3	165.9	4990.6	6141.0
海南 Hainan	2723.7	107.1	202.6	1121.3	752.9
重庆 Chongqing	7753.7	626.6	154.3	2116.3	3085.4
四川 Sichuan	27882.3	1712.6	452.7	9091.5	11138.9
贵州 Guizhou	8225.2	183.9	260.6	2354.1	4154.9
云南 Yunnan	12695.8	350.3	254.4	4249.9	5696.5
西藏 Tibet	807.7	4.0	0.8	372.4	168.4
陕西 Shaanxi	10082.0	493.5	297.8	2062.5	5189.4
甘肃 Gansu	8236.1	300.1	388.1	1992.5	3777.6
青海 Qinghai	1184.6	63.3	170.4	266.7	487.9
宁夏 Ningxia	1706.0	20.3	130.5	615.0	531.5
新疆 Xinjiang	4763.5	440.0	366.3	1779.2	920.0

基层医疗卫生机构入院人数（万人）

Number of Inpatients in Grass-roots Health Care Institutions(10000)

	2005	2010	2011	2012	2013	2014
总计 Total	**1675**	**3950**	**3775**	**4254**	**4301**	**4094**
社区卫生服务中心 Community Health Centers	27	218	247	269	292	298
#政府办 Governmental-run	24	183	204	215	233	237
社区卫生服务站 Community Health Stations		44	42	40	30	23
#政府办 Government-run		12	10	10	6	5
街道卫生院 Sub-district Health Centers	19	47	23	24	21	20
乡镇卫生院 Township Health Centers	1622	3630	3449	3908	3937	3733
#政府办 Government-run	1592	3595	3417	3879	3912	3705
门诊部 Outpatient Departments	7	11	13	14	20	21

各地区基层医疗卫生机构入院人数（2014年）

Number of Inpatients in Grass-roots Health Care Institutions by Region (2014)

地 区 Region	入院人数合计 Total Inpatients (10000)	社区卫生服务中心 Community Health Centers	乡镇卫生院 Township Health Centers
总 计 Total	**4094.2**	**298.1**	**3732.6**
东 部 Eastern	1062.3	112.3	934.6
中 部 Central	1467.9	102.6	1339.9
西 部 Western	1563.9	83.2	1458.1
北 京 Beijing	2.3	2.3	—
天 津 Tianjin	9.3	1.2	8.0
河 北 Hebei	160.8	5.8	149.9
山 西 Shanxi	52.8	3.5	42.2
内蒙古 Inner Mongolia	39.2	3.5	34.3
辽 宁 Liaoning	67.0	8.6	57.7
吉 林 Jilin	23.0	2.6	19.8
黑龙江 Heilongjiang	65.0	6.4	56.3
上 海 Shanghai	8.6	8.6	—
江 苏 Jiangsu	183.4	32.7	150.6
浙 江 Zhejiang	28.9	6.1	21.7
安 徽 Anhui	184.7	13.1	171.2
福 建 Fujian	101.0	6.7	94.2
江 西 Jiangxi	210.5	5.0	203.3
山 东 Shandong	285.6	21.4	260.1

续表 Continued

地　区　Region	入院人数合计 Total Inpatients (10000)	社区卫生服务中心 Community Health Centers	乡镇卫生院 Township Health Centers
河　南　Henan	302.8	16.2	285.0
湖　北　Hubei	262.2	31.0	226.0
湖　南　Hunan	366.8	24.8	336.2
广　东　Guangdong	203.6	16.9	183.8
广　西　Guangxi	283.1	2.9	279.6
海　南　Hainan	11.7	2.0	8.6
重　庆　Chongqing	186.6	24.5	155.1
四　川　Sichuan	469.5	22.5	439.7
贵　州　Guizhou	174.4	8.1	163.3
云　南　Yunnan	149.1	6.9	141.9
西　藏　Tibet	2.9	0.0	2.9
陕　西　Shaanxi	79.2	5.8	72.4
甘　肃　Gansu	62.0	3.4	57.3
青　海　Qinghai	14.4	1.0	13.3
宁　夏　Ningxia	5.1	0.0	5.1
新　疆　Xinjiang	98.3	4.6	93.2

社区卫生服务中心（站）工作量

Workload of Community Health Centers (Stations)

年份 Year	社区卫生服务中心 Community Health Center				社区卫生服务站诊疗人次 Visits in Community Health Station (10000)
	诊疗人次 Visits (10000)	入院人数 Inpatients (10000)	病床使用率 Occupancy Rate (%)	平均住院日 Average Lengths of Stay(Day)	
2005	5938.5	26.6	60.7	17.2	6281.5
2010	34740.4	218.1	56.1	10.4	13711.1
2011	40945.2	247.3	54.4	10.2	13703.8
2012	45475.1	268.7	55.5	10.1	14393.6
2013	50788.6	292.1	57.0	9.8	14921.2
2014	53618.8	298.1	55.6	9.9	14912.0

社区卫生服务中心病人医药费用

Average Medical Expense per Capita in Community Health Centers

年份 Year	2010	2011	2012	2013	2014
次均门诊费用(元) Average Medical Expense per Outpatient Visit (Yuan)	82.8	81.5	84.6	86.5	92.3
#药费 Drug	58.7	54.9	58.5	59.4	63.5
药费占比 Drug %	70.9	67.4	69.1	68.7	68.7
人均住院费用(元) Average Medical Expense per Inpatient (Yuan)	2357.6	2315.1	2417.9	2482.7	2635.2
#药费 Drug	1162.4	1061.4	1125.0	1130.6	1161.5
药费占比 Drug %	49.3	45.8	46.5	45.5	44.1

乡镇卫生院工作量

Workload of Township Health Centers

年份 Year	诊疗人次 Visits (100 Millions)	入院人数 Inpatients (10000)	病床 周转次数 (次) Turnovers of Beds (Times)	病床 使用率 Occupancy Rate (%)	平均 住院日 Average Lengths of Stay (Day)
2005	6.79	1622	25.8	37.7	4.6
2010	8.74	3630	38.4	59.0	5.2
2011	8.66	3449	35.2	58.1	5.6
2012	9.68	3908	37.4	62.1	5.7
2013	10.07	3937	36.2	62.8	5.9
2014	10.29	3733	33.2	60.5	6.3

乡镇卫生院病人医药费用

Average Medical Expense per Capita in Township Health Centers

	2010	2011	2012	2013	2014
次均门诊费用(元)	47.5	47.5	49.2	52.7	56.9
Average Medical Expense per Visit(Yuan)					
#药费 Drug	28.7	25.3	27.0	28.7	30.9
药费占比 Drug %	60.4	53.3	54.8	54.5	54.3
人均住院费用(元)	1004.6	1051.3	1140.7	1267.0	1382.9
Average Medical Expense per Inpatient (Yuan)					
#药费 Drug	531.1	492.4	550.0	592.9	632.7
药费占比 Drug %	52.9	46.8	48.2	46.8	45.8

各地区社区卫生服务中心（站）和乡镇卫生院门诊量占医疗卫生机构门诊总量的比重（%）

Visits of Community & Township Health Centers as % of Total Visits by Region

地 区 Region	2013	2014	地 区 Region	2013	2014
总 计 Total	**22.8**	**22.5**	江 西 Jiangxi	16.9	17.0
东 部 Eastern	24.0	23.6	山 东 Shandong	18.0	17.6
中 部 Central	20.6	20.5	河 南 Henan	21.1	21.5
西 部 Western	22.4	22.5	湖 北 Hubei	23.8	23.3
			湖 南 Hunan	21.2	20.4
北 京 Beijing	23.2	22.7	广 东 Guangdong	23.8	23.0
天 津 Tianjin	22.0	20.8	广 西 Guangxi	22.7	23.3
河 北 Hebei	14.9	14.7	海 南 Hainan	31.7	31.6
山 西 Shanxi	18.8	17.9	重 庆 Chongqing	20.8	21.0
内蒙古 Inner Mongolia	21.8	20.4	四 川 Sichuan	25.5	25.3
辽 宁 Liaoning	16.8	16.9	贵 州 Guizhou	21.5	21.5
吉 林 Jilin	13.2	13.5	云 南 Yunnan	21.8	22.2
黑龙江 Heilongjiang	14.7	14.6	西 藏 Tibet	30.3	28.7
上 海 Shanghai	34.5	33.9	陕 西 Shaanxi	16.1	16.3
江 苏 Jiangsu	30.0	29.4	甘 肃 Gansu	22.3	21.7
浙 江 Zhejiang	33.7	33.3	青 海 Qinghai	22.9	22.2
安 徽 Anhui	24.7	24.5	宁 夏 Ningxia	20.6	21.5
福 建 Fujian	17.9	18.1	新 疆 Xinjiang	24.6	25.9

各地区基层医疗卫生机构病床使用率（2014年）

Bed Occupancy Rate of Grass-roots Health Care Institution by Region (2014)

地 区 Region	社区卫生服务中心 Community Health Centers (%)	乡镇卫生院 Township Health Centers (%)	地 区 Region	社区卫生服务中心 Community Health Centers (%)	乡镇卫生院 Township Health Centers (%)
总 计 Total	**55.6**	**60.5**	江 西 Jiangxi	51.8	70.4
东 部 Eastern	55.0	54.2	山 东 Shandong	48.2	56.0
中 部 Central	54.6	63.5	河 南 Henan	49.7	62.1
西 部 Western	58.6	63.0	湖 北 Hubei	69.6	73.7
			湖 南 Hunan	67.9	71.2
北 京 Beijing	33.3	–	广 东 Guangdong	54.3	53.2
天 津 Tianjin	20.4	41.9	广 西 Guangxi	56.6	69.4
河 北 Hebei	45.4	55.6	海 南 Hainan	85.6	33.1
山 西 Shanxi	45.9	41.4	重 庆 Chongqing	75.2	73.5
内蒙古 Inner Mongolia	46.4	41.0	四 川 Sichuan	59.5	67.7
辽 宁 Liaoning	51.3	46.3	贵 州 Guizhou	54.6	59.6
吉 林 Jilin	31.0	30.2	云 南 Yunnan	57.7	57.5
黑龙江 Heilongjiang	44.4	52.5	西 藏 Tibet	33.3	30.1
上 海 Shanghai	87.2	–	陕 西 Shaanxi	42.3	47.6
江 苏 Jiangsu	50.1	61.6	甘 肃 Gansu	56.2	56.0
浙 江 Zhejiang	38.7	39.2	青 海 Qinghai	56.5	58.7
安 徽 Anhui	45.4	62.0	宁 夏 Ningxia	4.7	48.1
福 建 Fujian	42.0	54.4	新 疆 Xinjiang	51.3	71.4

县级医院医疗服务情况
Statistics of Health Services in County-level Hospitals

	2005	2010	2011	2012	2013	2014
县医院						
County Hospital						
机构数(个) Hospitals	5536	6400	6973	7399	7907	8411
床位数(万张) Beds	57.3	84.6	94.7	110.0	123.9	136.4
人员数(万人) Personnel	76.1	97.6	105.9	116.3	127.1	137.6
诊疗人次(万人次) Visits (10000)	28354.3	42137.1	46588.9	53406.9	57387.8	62600.4
入院人数(万人) Inpatients (10000)	1427.3	2945.0	3361.0	4070.1	4456.6	4865.5
县级市医院						
Hospital of County-level City						
机构数(个) Hospitals	2961	3221	3364	3541	3815	3954
床位数(万张) Beds	37.2	48.3	53.8	60.8	66.7	70.5
人员数(万人) Personnel	47.9	59.1	63.8	69.5	75.6	78.9
诊疗人次(万人次) Visits (10000)	18737.1	26398.3	29358.4	33288.1	35628.0	38333.4
入院人数(万人) Inpatients (10000)	855.6	1451.4	1634.3	1922.8	2097.0	2248.7

县级妇幼保健机构医疗服务情况
Statistics of Health Services in County-level MCH Institutions

	2005	2010	2011	2012	2013	2014
县妇幼保健机构 County MCH Institution						
机构数(个) Institutions	1584	1586	1594	1590	1641	1602
床位数(张) Beds	35377	53826	57679	63218	68651	71740
人员数(人) Personnel	68400	86307	91738	98147	106147	110719
诊疗人次(万人次) Visits (10000)	2632.3	4475.7	4916.0	5574.7	5932.0	6335.0
入院人数(万人) Inpatients (10000)	120.6	231.9	252.7	286.3	293.1	305.9
县级市妇幼保健机构 MCH Institution of County-level Cities						
机构数(个) Institutions	430	397	400	396	407	400
床位数(张) Beds	16116	22506	23910	27066	28901	30549
人员数(人) Personnel	32131	40406	43681	48007	51164	53641
诊疗人次(万人次) Visits(10000)	1579.8	2510.1	2868.7	3327.9	3554.3	3832.8
入院人数(万人) Inpatients (10000)	63.7	103.8	116.5	132.5	137.1	147.7

五、中医药服务

Traditional Chinese Medicine Services

中医类医疗机构诊疗量

Number of Visits in TCM Institutions

	2010	2011	2012	2013	2014
中医类诊疗总量(万人次)* Total Visits in TCM Institutions(10000)	**61264.1**	**67531.9**	**74695.2**	**81409.4**	**87430.9**
中医类医院 Hospitals Specialized in TCM	36026.5	39668.5	45120.2	48952.5	53058.1
中医医院 TCM Hospitals	32770.2	36120.6	40705.2	43726.3	47164.2
中西医结合医院 Hospitals of Integrated Chinese and Western Medicine	2702.6	2958.8	3769.1	4466.1	5101.3
民族医医院 Hospitals of Traditional Ethnic Medicine	553.8	589.1	645.9	760.1	792.6
中医类门诊部 Outpatient Departments Specialized in TCM	975.9	1127.9	1290.8	1433.6	1525.5
中医门诊部 TCM Outpatient Departments	808.9	934.8	1069.5	1221.6	1304.8
中西医结合门诊部 Outpatient Departments of Integrated Chinese and Western Medicine	164.6	189.2	217.8	207.9	218.5
民族医门诊部 Outpatient Departments of Traditional Ethnic Medicine	2.4	4.0	3.5	4.1	2.2
中医类诊所 Clinics Specialized in TCM	9178.3	9981.0	10250.2	11059.3	11342.0
中医诊所 TCM Clinics	6796.1	7414.0	7857.7	8616.7	8870.1
中西医结合诊所 Clinics of Integrated Chinese and Western Medicine	2283.8	2458.0	2291.0	2341.5	2362.0
民族医诊所 Clinics of Traditional Ethnic Medicine	98.3	109.0	101.5	101.1	110.0
其他机构中医类临床科室 Clinical Department of TCM in Other Institutions	15083.4	16754.5	18033.9	19964.0	21505.3
中医类诊疗量占总诊疗量% Visits in TCM Institutions as % of Total Visits	**14.7**	**15.1**	**15.1**	**15.4**	**15.6**

注: *包括中医科各专业、中西医结合科、民族医学科。以下3表同。Note:*include department of TCM, integrated medicine, and traditional ethnic medicine.The same for the following 3 tables.

其他机构中医类临床科室诊疗人次

Number of Visits in Clinical Department of TCM in Other Institutions

	2010	2011	2012	2013	2014
门急诊量(万人次) Outpatient and Emergency Visits (10000)	**15083.4**	**16754.5**	**18034.0**	**19964.0**	**21505.3**
综合医院 General Hospitals	8089.2	9057.4	8826.9	9429.7	10114.9
专科医院 Specialized Hospitals	390.2	461.0	496.5	527.8	570.6
社区卫生服务中心(站) Community Health Centers (Stations)	2512.9	3074.6	3846.0	4503.5	5094.5
乡镇卫生院 Township Health Centers	3419.5	3473.7	4185.6	4756.8	5191.3
其他机构 Others	671.6	687.9	679.0	746.2	534.0
占同类机构诊疗量的% As % of Visits in the Same Type of Institutions					
综合医院 General Hospitals	5.4	5.4	4.7	4.7	4.6
专科医院 Specialized Hospitals	2.3	2.5	2.3	2.2	2.2
社区卫生服务中心(站) Community Health Centers (Stations)	5.2	5.6	6.4	6.9	7.4
乡镇卫生院 Township Health Centers	3.9	4.0	4.3	4.7	5.0
其他机构 Others	1.0	1.0	0.8	0.9	0.6

中医类医疗机构出院人数

Number of Inpatients in TCM Institutions

	2010	2011	2012	2013	2014
中医类总出院人数(万人) Total Inpatients in TCM Institutions(10000)	**1447.2**	**1670.9**	**2022.2**	**2276.0**	**2537.1**
中医类医院 Hospitals Specialized in TCM	1275.7	1468.7	1798.9	2010.1	2227.1
中医医院 TCM Hospitals	1160.1	1341.3	1636.2	1815.7	2001.5
中西医结合医院 Hospitals of Integrated Chinese and Western Medicine	91.3	98.3	129.0	154.1	177.0
民族医医院 Hospitals of Traditional Ethnic Medicine	24.3	29.1	33.7	40.2	48.6
中医类门诊部 Outpatient Departments Specialized in TCM	0.2	0.3	0.6	0.8	2.7
中医门诊部 TCM Outpatient Departments	0.2	0.1	0.3	0.5	1.9
中西医结合门诊部 Outpatient Departments of Chinese and Western	0.1	0.2	0.3	0.3	0.9
其他机构中医类临床科室 Clinical Department of TCM in Other Institutions	171.3	201.9	222.7	263.2	307.3
中医类出院人数占总出院人数的% Inpatients in TCM Institutions as % of Total Inpatients	10.3	11.0	11.4	11.9	12.5

其他机构中医类临床科室出院人数

Number of Inpatients in Clinical Department of TCM in Other Institutions

	2010	2011	2012	2013	2014
出院人数(万人) Number of Inpatients(10000)	**171.3**	**201.9**	**222.7**	**263.2**	**307.3**
综合医院 General Hospitals	112.9	135.8	130.8	154.6	178.7
专科医院 Specialized Hospitals	12.5	15.5	16.6	18.8	22.9
社区卫生服务中心(站) Community Health Centers (Stations)	4.3	5.1	6.9	7.9	10.6
乡镇卫生院 Township Health Centers	40.5	44.1	67.0	80.6	93.8
其他机构 Others	1.2	1.3	1.4	1.2	1.3
占同类机构出院人数的% As % of Inpatients in the Same Type of Institutions					
综合医院 General Hospitals	1.5	1.6	1.3	1.4	1.5
专科医院 Specialized Hospitals	1.7	1.8	1.7	1.7	1.8
社区卫生服务中心(站) Community Health Centers (Stations)	1.6	1.7	2.2	2.4	3.3
乡镇卫生院 Township Health Centers	1.1	1.3	1.7	2.1	2.5
其他机构 Others	0.2	0.2	0.1	0.1	0.1

公立中医医院病人医药费用

Medical Expense of Patients in Public TCM Hospitals

	次均门诊费用(元)		人均住院费用(元)	
	Medical Expense per Visit (Yuan)	药费 Drug	Medical Expense per Inpatient (Yuan)	药费 Drug
中医医院 TCM Hospitals				
2010	137.1	82.2	4899.3	2238.0
2011	152.4	92.7	5281.0	2374.5
2012	165.5	101.1	5551.9	2463.2
2013	181.6	109.9	5990.8	2520.8
2014	195.1	116.1	6316.2	2551.0
#三级医院 Third-level Hospitals				
2010	185.6	119.7	8842.5	3960.2
2011	204.1	133.9	9124.7	4016.2
2012	213.5	140.1	9194.4	4007.3
2013	228.2	147.9	9518.3	3938.3
2014	238.8	150.9	9628.1	3834.3
二级医院 Second-level Hospitals				
2010	116.2	65.2	3660.3	1796.2
2011	126.2	71.1	4084.2	1870.0
2012	136.4	76.8	4271.2	1927.3
2013	144.3	78.9	4354.3	1868.7
2014	156.3	84.5	4464.8	1835.3

六、药品供应保障
Drug Supply and Support

药品费用

Expenditure on Drugs

指标	2010	2011	2012	2013
药品总费用(亿元) Total Expenditure on Drugs (100 Million Yuan)	**8835.9**	**9826.2**	**11860.5**	**13113.2**
医疗机构药品费用 Expenditure on Drugs of Health Institutions	6324.3	6978.6	8254.1	9146.2
门诊药品费用 Expenditure on Drugs for Outpatient Care	3270.3	3505.5	4082.7	4102.7
住院药品费用 Expenditure on Drugs for Inpatient Care	3054.0	3473.1	4171.3	5043.5
零售药品费用 Retailed Drug Expenditures	2511.6	2847.6	3606.4	3967
人均药品费用(元) Drug Expenditure per Capita (Yuan)	**658.9**	**729.3**	**875.9**	**963.7**
药品费用占卫生总费用的% Drug Expenditure as % of Total Health Expenditure	**41.6**	**38.4**	**40.4**	**39.4**

资料来源：卫生总费用核算。
Source: Total health expenditure caculations.

医药工业主营业务收入（亿元）

Main Business Income of Pharmaceutical Industry (100 Million Yuan)

	2010	2011	2012	2013	2014
总计 Total	**12073**	**15255**	**18297**	**21682**	**24553**
化学原料药 Chemical Raw Medicines	2438	3050	3325	3820	4240
化学制剂 Chemicals	3428	4105	4958	5731	6304
中药饮片 Traditional Chinese Medicine Decoction Pieces	634	854	936	1259	1496
中成药 Traditional Chinese Patent Medicines	2474	3379	4131	5065	5806
生物生化制品 Biomedical Products	1261	1516	2153	2381	2750
卫生材料 Hygienic Materials	623	921	1106	1398	1662
制药器械 Pharmaceutical Equipments	73	76	104	138	159
医疗器械 Medical Devices	1141	1354	1584	1889	2136

资料来源：《中国医药统计年报》。

Source: Annual Report on Pharmaceutical Statistics of China.

医药工业利润（亿元）

Profits of Pharmaceutical Industry (100 Million Yuan)

	2010	2011	2012	2013	2014
总计 Total	**1407**	**1577**	**1988**	**2197**	**2461**
化学原料药 Chemical Raw Medicines	236	248	267	285	312
化学制剂 Chemicals	424	442	566	639	734
中药饮片 Traditional Chinese Medicine Decoction Pieces	56	64	77	94	105
中成药 Traditional Chinese Patent Medicines	310	372	483	538	598
生物生化制品 Biomedical Products	187	207	278	282	322
卫生材料 Hygienic Materials	62	89	117	142	152
制药器械 Pharmaceutical Equipments	7	8	13	17	18
医疗器械 Medical Devices	125	146	188	199	219

资料来源：《中国医药统计年报》。

Source: Annual Report on Pharmaceutical Statistics of China.

药品生产经营企业数

Number of Drug Manufacturing and Trading Enterprises

指标	2010	2011	2012	2013
药品生产企业数(个) Drug Manufacturing Enterprises	4678	4629	4747	4875
药品经营企业数(个) Drug Trading Enterprises	414840	440248	443125	451129
药品批发企业数(个) Wholesale Enterprises of Drugs	13463	13853	13721	12849
药品零售企业数(个) Retail Enterprises of Drugs	401379	426395	426830	436229
零售连锁企业数(个) Retail Chain Enterprises	2310	2607	3107	3570
零售连锁企业门店数(个) Retail Chain Stores	137073	146703	152580	158244
零售单体药店数(个) Retail Monomer Drugstores	261996	277085	271143	274415

资料来源：国家食品药品监督管理总局统计公报。
Source: Statistical Report on National Food and Drug Administration.

七、基本医疗保障

Basic Medical Security

新型农村合作医疗情况

Statistics of New Rural Cooperative Medical Scheme

指标 Indicator	2005	2010	2011	2012	2013	2014
参合人口数(亿人) Number of Enrollees (100 Millions)	1.79	8.36	8.32	8.05	8.02	7.36
参合率(%) Enrollment Rate	75.7	96.0	97.5	98.3	98.7	98.9
当年筹资总额(亿元) Annual Fund Raised (100 Million Yuan)	75.4	1308.3	2047.6	2484.7	2972.5	3025.3
人均筹资(元) Per Capita Premium (Yuan)	42.1	156.6	246.2	308.5	370.6	410.9
当年基金支出(亿元) Payout at Current Year (100 Million Yuan)	61.8	1187.8	1710.2	2408.0	2909.2	2890.4
补偿受益人次(亿人次) Number of Beneficiaries from Reimbursement (100 Millions)	1.22	10.87	13.15	17.45	19.42	-

各地区新型农村合作医疗情况（2013年）

Statistics of New Rural Cooperative Medical Scheme by Region (2013)

地区 Region	参合人口数 Number of Enrollees (10000)	人均筹资(元) Per Capita Premium (Yuan)	补偿受益人次 Number of Beneficiaries from Reimbursement (10000)
总 计 Total	**80209.0**	**370.6**	**194218.8**
北 京 Beijing	254.4	893.9	562.9
河 北 Hebei	5146.4	346.2	13350.1
山 西 Shanxi	2193.7	346.6	4105.6
内蒙古 Inner Mongolia	1261.5	374.3	958.7
辽 宁 Liaoning	1977.1	354.0	2453.3
吉 林 Jilin	1344.3	362.8	665.0
黑龙江 Heilongjiang	1521.1	354.3	2457.2
上 海 Shanghai	104.7	1593.7	1683.4
江 苏 Jiangsu	4055.1	394.6	14449.2
浙 江 Zhejiang	2228.3	665.9	12714.2
安 徽 Anhui	5149.6	368.1	10382.2
福 建 Fujian	2492.1	350.2	1441.8
江 西 Jiangxi	3358.0	342.3	5114.6
山 东 Shandong	6378.8	361.5	24655.5

注：天津、广东实行城乡统筹的居民基本医疗保险制度。

Note: Urban & rural residents in Tianjin and Guang dong are covered by resident basic medical insurance.

续表 Continued

地区	Region	参合人口数 Number of Enrollees (10000)	人均筹资(元) Per Capita Premium (Yuan)	补偿受益人次 Number of Beneficiaries from Reimbursement (10000)
河　南	Henan	8119.5	352.9	27128.6
湖　北	Hubei	3925.3	365.1	14256.3
湖　南	Hunan	4729.7	350.6	6222.9
广　西	Guangxi	4078.9	344.2	5564.9
海　南	Hainan	490.4	348.3	1095.7
重　庆	Chongqing	2146.2	437.8	2243.1
四　川	Sichuan	6243.8	347.3	14698.6
贵　州	Guizhou	3214.0	334.0	5520.5
云　南	Yunnan	3250.5	346.0	10041.2
西　藏	Tibet	242.9	366.7	698.8
陕　西	Shaanxi	2550.3	374.7	4942.6
甘　肃	Gansu	1930.3	343.7	3884.3
青　海	Qinghai	362.7	471.4	300.9
宁　夏	Ningxia	356.9	434.8	831.9
新　疆	Xinjiang	1102.7	371.7	1795.1

城镇居民基本医疗保险情况

Statistics of Basic Medical Insurance of Urban Population

指标 Indicator	2005	2010	2011	2012	2013	2014
城镇职工基本医保 Basic Medical Insurance of Urban Employees						
参保人数(万人) Enrollees (10000)	13783	23735	25227	26486	27443	28325
在职职工 Employees	10022	17791	18949	19861	20501.3	
退休人员 Retirees	3761	5944	6279	6624	6941.8	
基金收入(亿元) Revenue(100 Million Yuan)	1405.3	3955.4	4945.0	6061.9	7061.6	
基金支出(亿元) Payout(100 Million Yuan)	1078.7	3271.6	4018.3	4868.5	5829.9	
累计结存(亿元) Balance at Year-End (100 Million Yuan)	1278.1	4741.2	5683.2	6884.2	8129.3	
城镇居民基本医保参保人数(万人) Enrollees of Basic Medical Insurance of Urban Residents (10000)	–	19528	22116	27156	29629	31449

资料来源：《中国统计年鉴》。

Source: China Statistical Yearbook.

居民社会医疗保险构成（%）

Components of Social Medical Insurance (%)

项目 Item	合计 Total		城市 Urban		农村 Rural	
	2008	2013	2008	2013	2008	2013
城镇职工基本医保 UEBMI	13	21	44	38	2	5
公费医疗 Publicly Funded Free Medical Care	1		3		0	
城镇居民基本医保 URBMI	4	9	12	16	1	3
新农合 NRCMS	69	49	10	25	90	72
城乡居民合作医疗 URRCMS	-	16	-	14	-	18
其他社会医保 Social Medical Insurance	1	0	3	1	0	0
无医保 No Medical Insurance	13	4	28	6	7	3

资料来源: 2008、2013年国家卫生服务调查。

Source: National Health Services Survey in 2008 and 2013.

城乡医疗救助情况

Statistics of Medical Aid in Urban and Rural Areas

指标 Indicator	2005	2010	2011	2012	2013	2014
医疗救助人次(万次) Beneficiaries of Medical Aid (10000)	970	7556	8519	8051	7427	7467
医疗救助支出(亿元) Payments of Medical Aid (100 Million Yuan)	11.0	133	188	204	178	229

注: 本表系政府医疗救助数（不含社会医疗救助）。

Note: Figures of this table are of government medical aid, social medical aids are excluded.

八、卫生资源

Health Resources

卫生总费用

Total Health Expenditure

指标 Indicator	2005	2010	2011	2012	2013	2014
卫生总费用(亿元) THE (100 Million Yuan)	**8659.9**	**19980.4**	**24345.9**	**28119.0**	**31669.0**	**35378.8**
政府卫生支出 Government Health Expenditure	1552.5	5732.5	7464.2	8432	9545.8	10590.7
社会卫生支出 Social Health Expenditure	2586.4	7196.6	8416.5	10030.7	11393.8	13042.9
个人卫生现金支出 Out-of-Pocket Health Expenditure	4521.0	7051.3	8465.3	9656.3	10729.3	11745.3
卫生总费用构成(%) Percentage of THE	**100.0**	**100.0**	**100.0**	**100.0**	**100.0**	**100.0**
政府卫生支出 Government Health Expenditure	17.9	28.7	30.7	30.04	30.1	29.9
社会卫生支出 Social Health Expenditure	29.9	36	34.6	35.7	36.0	36.9
个人卫生现金支出 Out-of-Pocket Health Expenditure	52.2	35.3	34.8	34.3	33.9	33.2
卫生总费用占GDP% THE as % of GDP	**4.68**	**4.98**	**5.15**	**5.41**	**5.57**	**5.56**
人均卫生费用(元) Per Capita THE	**662.3**	**1490.1**	**1807.0**	**2076.7**	**2327.4**	**2586.5**
城市 Urban	1126.4	2315.5	2697.5	2999.3	3234.1	
农村 Rural	315.8	666.3	879.4	1064.8	1274.4	
卫生消费弹性系数 Health Elasticity Coefficient	**0.87**	**0.65**	**1.41**	**1.73**	**1.40**	**0.98**

注: ①本表系卫生总费用核算数, 2014年系初步核算数；②按当年价格计算。

Note: ① Figures for total health expenditure are estimates, figures for that of 2014 are preliminary calculation; ②Expenditures are calculated at current prices.

各地区卫生总费用（2013年）

Total Health Expenditure by Region (2013)

地 区 Region	卫 生 总费用 (亿元) Total Health Expenditure (100 Million Yuan)	构成(%) Percentage			卫生总费用占地区生产总值% THE as % of Gross Regional Product	人均卫生费用(元) Per Capita THE (Yuan)
		政府卫生支出 Government Health Expenditure	社会卫生支出 Social Health Expenditure	个人卫生现金支出 Out-of-Pocket Health Expenditure		
总 计 Total	**31669.0**	**30.1**	**36.0**	**33.9**	**5.6**	**2327.4**
北 京 Beijing	1340.2	26.6	52.9	20.6	6.9	6337.4
天 津 Tianjin	552.1	26.3	38.5	35.2	3.8	3750.1
河 北 Hebei	1486.3	28.9	29.7	41.4	5.3	2026.9
山 西 Shanxi	732.8	31.3	32.2	36.5	5.8	2018.8
内蒙古 Inner Mongolia	698.9	31.9	29.8	38.3	4.2	2798.1
辽 宁 Liaoning	1176.8	22.4	40.1	37.5	4.4	2680.6
吉 林 Jilin	764.8	25.9	29.2	45.0	5.9	2779.8
黑龙江 Heilongjiang						
上 海 Shanghai	1248.7	20.1	59.3	20.6	5.8	5170.2
江 苏 Jiangsu	2213.2	24.8	45.7	29.5	3.7	2787.6
浙 江 Zhejiang	1712.3	23.0	43.9	33.2	4.6	3114.5
安 徽 Anhui	1221.5	34.0	31.2	34.8	6.4	2025.7
福 建 Fujian	835.3	32.1	39.6	28.3	3.8	2213.4
江 西 Jiangxi	738.1	44.1	26.0	29.9	5.2	1632.2
山 东 Shandong	2246.0	25.4	39.0	35.6	4.1	2307.5

续表 Continued

地区 Region	卫生总费用(亿元) Total Health Expenditure (100 Million Yuan)	构成(%) Percentage			卫生总费用占地区生产总值% THE as % of Gross Regional Product	人均卫生费用(元) Per Capita THE (Yuan)
		政府卫生支出 Government Health Expenditure	社会卫生支出 Social Health Expenditure	个人卫生现金支出 Out-of-Pocket Health Expenditure		
河 南 Henan	1686.5	33.3	26.3	40.4	5.2	1791.7
湖 北 Hubei	1231.2	29.9	32.3	37.8	5.0	2123.1
湖 南 Hunan	1306.7	30.1	29.1	40.8	5.3	1953.1
广 东 Guangdong	2518.8	26.5	41.7	31.8	4.1	2366.4
广 西 Guangxi	847.4	38.1	31.6	30.3	5.9	1795.6
海 南 Hainan	185.1	41.8	32.4	25.8	5.9	2067.7
重 庆 Chongqing	737.3	30.8	34.4	34.8	5.8	2482.6
四 川 Sichuan	1675.2	32.6	33.2	34.2	6.4	2066.4
贵 州 Guizhou	552.5	50.3	22.6	27.1	6.9	1577.7
云 南 Yunnan	847.7	38.0	28.5	33.5	7.2	1808.7
西 藏 Xizang	73.8	64.4	28.1	7.5	9.1	2366.0
陕 西 Shaanxi	1016.7	28.9	32.3	38.8	6.3	2701.1
甘 肃 Gansu	518.2	36.3	27.3	36.4	8.3	2006.9
青 海 Qinghai	162.5	48.1	26.5	25.5	7.7	2813.2
宁 夏 Ningxia	168.1	36.0	29.1	34.9	6.6	2568.9
新 疆 Xinjiang	667.1	31.3	40.4	28.3	8.0	2946.0

医疗卫生机构数

Number of Health Care Institutions

机构名称 Institution	2005	2010	2011	2012	2013	2014
总计 Total	**882206**	**936927**	**954389**	**950297**	**974398**	**981432**
医院 Hospitals	18703	20918	21979	23170	24709	25860
基层医疗卫生机构 Grass-roots Health Care Institutions	849488	901709	918003	912620	915368	917335
专业公共卫生机构 Specialized Public Health Institutions	11177	11835	11926	12083	31155	35029
其他机构 Other Health Care Institutions	2838	2465	2481	2424	3166	3208
总计中：						
非公医疗卫生机构 Non-Public Health Care Institutions	–	**447995**	**456994**	**447034**	**439351**	**438569**
#医院 Hospitals	–	7068	8440	9786	11313	12546
基层医疗卫生机构 Grass-roots Health Care Institutions	–	440782	448379	437076	427566	425450

各地区医疗卫生机构数（2014年）

Number of Health Care Institutions by Region (2014)

地区 Region	合计 Total	医院 Hospitals	基层医疗卫生机构 Grass-roots Health Care Institutions	专业公共卫生机构 Specialized Public Health Institutions	其他机构 Others
总计 Total	**981432**	**25860**	**917335**	**35029**	**3208**
东部 Eastern	354503	9937	332481	10544	1541
中部 Central	314396	7552	295069	10820	955
西部 Western	312533	8371	289785	13665	712
北京 Beijing	9638	608	8802	117	111
天津 Tianjin	4990	373	4419	145	53
河北 Hebei	78895	1341	75623	1657	274
山西 Shanxi	40777	1234	39010	463	70
内蒙古 Inner Mongolia	23426	639	22053	660	74
辽宁 Liaoning	35441	962	33297	1031	151
吉林 Jilin	19891	582	18856	348	105
黑龙江 Heilongjiang	21229	1002	18725	1443	59
上海 Shanghai	4984	332	4489	116	47
江苏 Jiangsu	31995	1524	28921	1290	260
浙江 Zhejiang	30358	935	28673	577	173
安徽 Anhui	24824	968	22014	1755	87
福建 Fujian	28030	557	25994	1404	75

续表 Continued

地 区 Region	合计 Total	医院 Hospitals	基层医疗卫生机构 Grass-roots Health Care Institutions	专业公共卫生机构 Specialized Public Health Institutions	其他机构 Others
江 西 Jiangxi	38873	565	37372	827	109
山 东 Shandong	77012	1854	72834	2108	216
河 南 Henan	71154	1412	66952	2478	312
湖 北 Hubei	36077	771	34503	696	107
湖 南 Hunan	61571	1018	57637	2810	106
广 东 Guangdong	48085	1260	44675	1978	172
广 西 Guangxi	34667	486	32497	1646	38
海 南 Hainan	5075	191	4754	121	9
重 庆 Chongqing	18767	565	17886	298	18
四 川 Sichuan	81070	1814	76110	2962	184
贵 州 Guizhou	28995	1067	26432	1464	32
云 南 Yunnan	24281	1060	21835	1324	62
西 藏 Tibet	6795	112	6542	139	2
陕 西 Shaanxi	37247	977	34202	1949	119
甘 肃 Gansu	27916	427	25254	2082	153
青 海 Qinghai	6241	185	5878	174	4
宁 夏 Ningxia	4255	161	3918	166	10
新 疆 Xinjiang	18873	878	17178	801	16

医院数

Number of Hospitals

机构名称 Institution	2005	2010	2011	2012	2013	2014
总计 Total	**18703**	**20918**	**21979**	**23170**	**24709**	**25860**
按经济类型分 By Ownership						
#公立医院 Public Hospitals	15483	13850	13539	13384	13396	13314
民营医院 Non-public Hospitals	3220	7068	8440	9786	11313	12546
按医院等级分 By Level						
#三级医院 Third-level Hospitals	946	1284	1399	1624	1787	1954
二级医院 Second-level Hospitals	5156	6472	6468	6566	6709	6850
一级医院 First-level Hospitals	2714	5271	5636	5962	6473	7009
按类别分 By Category						
#综合医院 General Hospitals	12982	13681	14328	15021	15887	16524
中医医院 TCM Hospitals	2620	2778	2831	2889	3015	3115
专科医院 Specialized Hospitals	2682	3956	4283	4665	5127	5478

分等级医院数（2014年）

Number of Hospitals by Grade (2014)

	医院 Hospitals	综合医院 General Hospitals	中医院 TCM Hospitals	专科医院 Specialized Hospitals
总计 Total	**25860**	**16524**	**3115**	**5478**
三级医院 Third-Level Hospitals	1954	1116	368	413
#甲等 1st Class Hospitals	1158	636	287	186
乙等 2nd Class Hospitals	391	272	71	43
丙等 3rd Class Hospitals	36	25	1	9
二级医院 Second-Level Hospitals	6850	4192	1629	864
#甲等 1st Class Hospitals	3944	2486	1150	224
乙等 2nd Class Hospitals	1606	1086	310	165
丙等 3rd Class Hospitals	73	51	5	13
一级医院 First-Level Hospitals	7009	5389	400	1064
未定级医院 Other Hospitals	10047	5827	718	3137

按床位数分组医院数（个）

Number of Hospitals by Grouping of Beds

	2005	2010	2011	2012	2013	2014
医院合计 Total Hospitals	**18703**	**20918**	**21979**	**23170**	**24709**	**25860**
<100张(Bed)	11156	12394	13137	13814	14798	15474
100～199张(Bed)	3746	3496	3425	3488	3647	3755
200～499张(Bed)	2777	3241	3402	3508	3624	3758
500～799张(Bed)	740	1069	1158	1301	1428	1504
≥800张(Bed)	284	718	857	1059	1212	1369
#综合医院 General Hospitals	12982	13681	14328	15021	15887	16524
<100张(Bed)	7524	7981	8480	8939	9563	9988
100～199张(Bed)	2526	2086	2022	2056	2114	2152
200～499张(Bed)	2060	2203	2250	2211	2198	2226
500～799张(Bed)	620	802	849	931	1007	1035
≥800张(Bed)	252	609	727	884	1005	1123
中医医院 TCM Hospitals	2620	2778	2831	2889	3015	3115
<100张(Bed)	1483	1246	1220	1159	1171	1206
100～199张(Bed)	773	841	790	748	739	713
200～499张(Bed)	317	557	649	762	834	873
500～799张(Bed)	37	97	127	152	186	220
≥800张(Bed)	10	37	45	68	85	103

各地区医院数（2014年）

Number of Hosptials by Region (2014)

地区 Region	合计 Total	按经济类型分 by Ownership		按医院等级分 by Level		
		公立医院 Public Hospitals	民营医院 Non-public Hospitals	三级医院 Third-level Hospitals	二级医院 Second-level Hospitals	一级医院 First-level Hospitals
总 计 Total	**25860**	**13314**	**12546**	**1954**	**6850**	**7009**
东 部 Eastern	9937	4916	5021	910	2407	2944
中 部 Central	7552	4366	3186	546	2209	2083
西 部 Western	8371	4032	4339	498	2234	1982
北 京 Beijing	608	236	372	73	113	370
天 津 Tianjin	373	162	211	39	54	164
河 北 Hebei	1341	757	584	62	419	508
山 西 Shanxi	1234	682	552	50	264	206
内蒙古 Inner Mongolia	639	370	269	55	222	215
辽 宁 Liaoning	962	571	391	116	258	319
吉 林 Jilin	582	327	255	43	197	78
黑龙江 Heilongjiang	1002	689	313	86	320	313
上 海 Shanghai	332	178	154	44	107	11
江 苏 Jiangsu	1524	527	997	135	326	646
浙 江 Zhejiang	935	441	494	123	220	27
安 徽 Anhui	968	405	563	61	278	374
福 建 Fujian	557	261	296	59	160	69

续表 Continued

地区 Region	合计 Total	按经济类型分 by Ownership		按医院等级分 by Level		
		公立医院 Public Hospitals	民营医院 Non-public Hospitals	三级医院 Third-level Hospitals	二级医院 Second-level Hospitals	一级医院 First-level Hospitals
江 西 Jiangxi	565	372	193	52	187	67
山 东 Shandong	1854	854	1000	116	425	581
河 南 Henan	1412	892	520	87	422	603
湖 北 Hubei	771	449	322	101	253	178
湖 南 Hunan	1018	550	468	66	288	264
广 东 Guangdong	1260	771	489	132	300	222
广 西 Guangxi	486	328	158	56	184	107
海 南 Hainan	191	158	33	11	25	27
重 庆 Chongqing	565	276	289	23	106	111
四 川 Sichuan	1814	730	1084	125	434	242
贵 州 Guizhou	1067	300	767	49	188	347
云 南 Yunnan	1060	415	645	54	271	144
西 藏 Tibet	112	99	13	4	10	45
陕 西 Shaanxi	977	542	435	50	282	192
甘 肃 Gansu	427	306	121	37	167	20
青 海 Qinghai	185	117	68	14	85	1
宁 夏 Ningxia	161	71	90	8	58	38
新 疆 Xinjiang	878	478	400	23	227	520

基层医疗卫生机构数（个）

Number of Grass-roots Health Care Institutions

机构名称 Institution	2005	2010	2011	2012	2013	2014
总计 Total	**849488**	**901709**	**918003**	**912620**	**915368**	**917335**
社区卫生服务中心 Community Health Centers	1382	6903	7861	8182	8488	8669
#政府办 Government-run	691	5900	6569	6500	6051	6099
社区卫生服务站 Community Health Stations	15746	25836	24999	25380	25477	25569
#政府办 Government-run	–	12490	13252	13079	12587	12207
街道卫生院 Sub-district Health Centers	787	929	667	610	593	595
乡镇卫生院 Township Health Centers	40907	37836	37295	37097	37015	36902
#政府办 Government-run	40003	37217	36850	36667	36593	36445
村卫生室 Village Clinics	583209	648424	662894	653419	648619	645470
门诊部 Outpatient Departments	5895	8291	9218	10134	11126	12030
诊所(医务室) Clinics	201562	173490	175069	177798	184050	188100

各地区基层医疗卫生机构数（2014年）

Number of Grass-roots Health Care Institutions by Region (2014)

地 区 Region	合计 Total	社区服务中心(站) Community Health Centers (Stations)	乡镇卫生院 Township Health Centers	村卫生室 Village Clinics	门诊部(所) Clinics
总 计 Total	**917335**	**34238**	**36902**	**645470**	**200130**
东 部 Eastern	332481	20286	9318	219355	83476
中 部 Central	295069	7687	11461	223755	51663
西 部 Western	289785	6265	16123	202360	64991
北 京 Beijing	8802	1896	–	2802	4104
天 津 Tianjin	4419	569	148	2350	1351
河 北 Hebei	75623	1169	1960	61450	11044
山 西 Shanxi	39010	854	1202	28248	8255
内蒙古 Inner Mongolia	22053	1180	1332	13835	5703
辽 宁 Liaoning	33297	1138	1012	19844	11290
吉 林 Jilin	18856	364	773	11225	6494
黑龙江 Heilongjiang	18725	765	992	11638	5326
上 海 Shanghai	4489	1027	–	1310	2152
江 苏 Jiangsu	28921	2803	1044	15523	9549
浙 江 Zhejiang	28673	6166	1139	12042	9317
安 徽 Anhui	22014	1941	1398	15288	3386
福 建 Fujian	25994	531	879	19242	5342

续表 Continued

地 区 Region	合计 Total	社区服务中心(站) Community Health Centers (Stations)	乡镇卫生院 Township Health Centers	村卫生室 Village Clinics	门诊部(所) Clinics
江 西 Jiangxi	37372	610	1593	31017	4146
山 东 Shandong	72834	2308	1637	53870	15019
河 南 Henan	66952	1312	2055	56721	6861
湖 北 Hubei	34503	1175	1150	24919	7223
湖 南 Hunan	57637	666	2298	44699	9972
广 东 Guangdong	44675	2527	1201	28161	12765
广 西 Guangxi	32497	269	1270	21917	9041
海 南 Hainan	4754	152	298	2761	1543
重 庆 Chongqing	17886	500	933	10778	5663
四 川 Sichuan	76110	928	4575	55981	14626
贵 州 Guizhou	26432	596	1427	20945	3446
云 南 Yunnan	21835	479	1376	13364	6616
西 藏 Tibet	6542	9	678	5366	489
陕 西 Shaanxi	34202	589	1601	25969	6034
甘 肃 Gansu	25254	597	1375	16681	6598
青 海 Qinghai	5878	205	404	4481	787
宁 夏 Ningxia	3918	122	223	2455	1118
新 疆 Xinjiang	17178	791	929	10588	4870

中医类医疗卫生机构数（个）

Number of TCM Institutions

机构名称 Institution	2010	2011	2012	2013	2014
总计 Total	**36714**	**38224**	**39382**	**41966**	**43635**
中医类医院 Hospitals Specialized in TCM	3232	3308	3409	3590	3732
中医医院 TCM Hospitals	2778	2831	2889	3015	3115
中西医结合医院 Hospitals of Integrated Chinese and Western Medicine	256	277	312	358	384
民族医医院 Hospitals of Traditional Ethnic Medicine	198	200	208	217	233
中医类门诊部 Outpatient Departments Specialized in TCM	937	1113	1218	1283	1468
中医门诊部 TCM Outpatient Departments	734	848	910	991	1154
中西医结合门诊部 Outpatient Departments of Integrated Chinese and Western Medicine	192	253	297	279	301
民族医门诊部 Outpatient Departments of Traditional Ethnic Medicine	11	12	11	13	13
中医类诊所 Clinics Specialized in TCM	32496	33756	34707	37045	38386
中医诊所 TCM Clinics	24978	26115	27209	29335	30795
中西医结合诊所 Clinics of Integrated Chinese and Western Medicine	7159	7248	7088	7286	7116
民族医诊所 Clinics of Traditional Ethnic Medicine	359	393	410	424	475
中医类研究机构 Institutions Specialized in TCM Research	49	47	48	48	49
中医(药)研究院(所) TCM Institutions	36	34	35	35	36
中西医结合研究所 Institutions of Integrated Chinese and Western Medicine	3	3	3	3	3
民族医(药)学研究所 Institutions of Traditional Ethnic Medicine	10	10	10	10	10

提供中医服务的基层医疗卫生机构数

Grass-roots Health Care Institutions Providing TCM Services

	2010	2011	2012	2013	2014
提供中医服务的基层医疗卫生机构数(个)	**213907**	**220305**	**226061**	**231684**	**235801**
Grass-roots Health Care Institutions Providing TCM Services					
社区卫生服务中心	3283	3821	4153	4483	4709
Community Health Centers					
社区卫生服务站	4080	4236	4383	4745	4964
Community Health Stations					
乡镇卫生院	20854	21163	21940	22745	23148
Township Health Centers					
村卫生室	185690	191085	195585	199711	202980
Village Clinics					
占同类机构总数的%					
As % of the Same Type of Institution					
社区卫生服务中心	80.6	79.6	80.8	82.5	83.2
Community Health Centers					
社区卫生服务站	46.3	47.9	48.0	51.3	53.0
Community Health Stations					
乡镇卫生院	57.3	58.8	61.2	63.6	64.9
Township Health Centers					
村卫生室	31.3	31.8	32.8	33.6	34.4
Village Clinics					

注：①本表按配备中医类别执业(助理)医师的社区卫生服务中心(站)、乡镇卫生院数及以中医、中西医结合、民族医为主的村卫生室统计；②本表不含分支机构。

专业公共卫生机构数（个）

Number of Specialized Public Health Institutions

机构名称 Institution	2005	2010	2011	2012	2013	2014
总计 Total	**11177**	**11835**	**12083**	**31155**	**31155**	**35029**
疾病预防控制中心 CDC	3585	3513	3484	3490	3516	3490
专科疾病防治机构 Specialized Disease Prevention & Treatment Institutions	1502	1274	1294	1289	1271	1242
健康教育机构 Health Education Institutions	134	139	147	160	169	172
妇幼保健机构 MCH Institutions	3021	3025	3036	3044	3144	3098
急救中心(站) Emergency Centers (First-Aid Stations)	141	245	270	295	312	325
采供血机构 Institutions for Blood Gathering and Supplying	577	530	525	531	538	541
卫生监督机构 Health Inspection Institutions	1702	2992	3022	3088	2967	2975
计划生育技术服务机构 Institutions for Family Planning Services	515	117	148	186	19238	23186

注：①2014年另有22个疾控中心承担卫生监督职责；②2013年起增加原计生部门主管的计划生育技术服务机构。

各地区专业公共卫生机构数（2014年）

Number of Specialized Public Health Institutions by Region (2014)

地 区 Region	合计 Total	疾病预防控制中心 CDC	专科疾病防治机构 Specialized Disease Prevention & Treatment Institutions	妇幼保健机构 MCH Institutions	卫生监督机构 Health Inspection Institutions
总 计 Total	**35029**	**3490**	**1242**	**3098**	**2975**
东 部 Eastern	10544	1065	530	995	886
中 部 Central	10820	1079	512	985	940
西 部 Western	13665	1346	200	1118	1149
北 京 Beijing	117	32	26	19	18
天 津 Tianjin	145	24	17	22	19
河 北 Hebei	1657	193	7	222	180
山 西 Shanxi	463	134	8	133	131
内蒙古 Inner Mongolia	660	119	53	117	114
辽 宁 Liaoning	1031	131	86	110	89
吉 林 Jilin	348	68	50	68	38
黑龙江 Heilongjiang	1443	169	112	148	138
上 海 Shanghai	116	20	19	21	18
江 苏 Jiangsu	1290	123	43	110	109
浙 江 Zhejiang	577	100	20	89	101
安 徽 Anhui	1755	121	48	121	113
福 建 Fujian	1404	96	24	87	85

续表 Continued

地区 Region	合计 Total	疾病预防控制中心 CDC	专科疾病防治机构 Specialized Disease Prevention & Treatment Institutions	妇幼保健机构 MCH Institutions	卫生监督机构 Health Inspection Institutions
江 西 Jiangxi	827	148	110	112	110
山 东 Shandong	2108	181	131	161	105
河 南 Henan	2478	180	22	164	177
湖 北 Hubei	696	112	76	100	103
湖 南 Hunan	2810	147	86	139	130
广 东 Guangdong	1978	137	136	130	138
广 西 Guangxi	1646	113	41	104	110
海 南 Hainan	121	28	21	24	24
重 庆 Chongqing	298	42	15	40	39
四 川 Sichuan	2962	207	34	202	204
贵 州 Guizhou	1464	101	9	100	95
云 南 Yunnan	1324	150	29	145	142
西 藏 Tibet	139	82	0	54	1
陕 西 Shaanxi	1949	119	6	118	115
甘 肃 Gansu	2082	103	7	100	92
青 海 Qinghai	174	56	1	24	55
宁 夏 Ningxia	166	25	0	22	24
新 疆 Xinjiang	801	229	5	92	158

医疗卫生机构床位数（万张）

Number of Beds in Health Care Institutions (10000)

	2005	2010	2011	2012	2013	2014
总计 Total	**335.1**	**478.7**	**516.0**	**572.5**	**618.2**	**660.1**
医院 Hospitals	244.5	338.7	370.5	416.1	457.9	496.1
基层医疗卫生机构 Grass-roots Health Care Institutions	72.6	119.2	123.4	132.4	135.0	138.1
专业公共卫生机构 Specialized Public Health Institutions	12.8	16.5	17.8	19.8	21.5	22.3
其他机构 Other Health Care Institutions	5.2	4.3	4.3	4.1	3.9	3.6
总计中：						
非公医疗卫生机构 Non-public Health Care Institutions	–	**41.2**	**50.1**	**63.5**	**75.5**	**87.6**
#医院 Hospitals	–	37.4	46.1	58.2	71.3	83.5
基层医疗卫生机构 Grass-roots Health Care Institutions	–	3.8	3.8	5.1	3.9	3.8

各地区医疗卫生机构床位数（2014年）

Number of Beds in Health Care Institutions by Region (2014)

地区 Region	床位总数(张) Number of Beds	医院 Hospitals	公立医院 Public Hospitals	每千人口医疗卫生机构床位数 Beds per 1000 Population
总 计 Total	**6601214**	**4961161**	**4125715**	**4.84**
东 部 Eastern	2610290	2051832	1700432	4.41
中 部 Central	2090868	1525990	1315147	4.54
西 部 Western	1900056	1383339	1110136	4.83
北 京 Beijing	109811	102852	82067	5.01
天 津 Tianjin	60869	52350	42800	3.95
河 北 Hebei	322909	236889	202761	4.36
山 西 Shanxi	177442	133957	114205	4.83
内蒙古 Inner Mongolia	129011	99050	85836	5.14
辽 宁 Liaoning	255513	210154	181368	5.80
吉 林 Jilin	140995	113960	95549	5.12
黑龙江 Heilongjiang	201337	163122	144781	5.25
上 海 Shanghai	117510	98261	87857	4.75
江 苏 Jiangsu	392293	309301	226574	4.92
浙 江 Zhejiang	245756	213365	176114	4.42
安 徽 Anhui	252044	187730	147695	4.19
福 建 Fujian	164781	122838	104157	4.33

续表 Continued

地 区 Region	床位总数(张) Number of Beds	医院 Hospitals	公立医院 Public Hospitals	每千人口医疗卫生机构床位数 Beds per 1000 Population
江 西 Jiangxi	186727	125110	110352	4.11
山 东 Shandong	500631	359637	297477	5.11
河 南 Henan	459338	332705	293767	4.88
湖 北 Hubei	317500	222388	196757	5.46
湖 南 Hunan	355485	247018	212041	5.26
广 东 Guangdong	405751	319729	274073	3.76
广 西 Guangxi	201600	129383	119672	4.29
海 南 Hainan	34466	26456	25184	3.81
重 庆 Chongqing	160579	109299	84665	5.36
四 川 Sichuan	459596	319155	239974	5.67
贵 州 Guizhou	182189	135561	92346	5.23
云 南 Yunnan	224899	169722	124942	4.77
西 藏 Tibet	11929	7984	7235	3.77
陕 西 Shaanxi	199372	154871	127922	5.28
甘 肃 Gansu	122412	90528	83219	4.73
青 海 Qinghai	33007	26936	23194	5.67
宁 夏 Ningxia	32506	28493	23963	4.91
新 疆 Xinjiang	142956	112357	97168	6.24

医院床位数（万张）

Number of Beds in Hospitals (10000)

	2005	2010	2011	2012	2013	2014
总计 Total	**244.5**	**338.7**	**370.5**	**416.1**	**457.9**	**496.1**
按经济类型分 By Ownership						
#公立医院 Public Hospitals	230.1	301.4	324.4	357.9	386.5	412.6
民营医院 Non-public Hospitals	14.4	37.4	46.1	58.2	71.3	83.5
按医院等级分 By Hospital-level						
#三级医院 Third-level Hospitals	59.4	106.5	122.4	147.0	167.0	187.8
二级医院 Second-level Hospitals	96.4	160.1	171.0	182.7	195.2	205.4
一级医院 First-level Hospitals	12.9	25.7	27.7	31.3	35.0	38.7
按类别分 By Category						
#综合医院 General Hospitals	183.5	245.0	267.1	298.0	325.5	350.0
中医医院 TCM Hospitals	28.8	42.4	47.7	54.8	60.9	66.5
专科医院 Specialized Hospitals	29.2	45.9	49.6	55.7	62.1	68.6

医院分科床位数及构成

Number & Percentage of Hospital Beds by Department

分科 Department	实有数(张) Number of Beds			构成 (%)		
	2005	2010	2014	2005	2010	2014
总计 Total	**2445012**	**3387437**	**4961161**	**100.0**	**100.0**	**100.0**
内科 Internal Medical Department	602268	822981	1242128	24.7	24.3	25.0
外科 Surgical Department	585685	698934	1038878	24.0	20.6	20.9
儿科 Pediatric Department	135903	186880	268131	5.6	5.5	5.4
妇产科 Obs. & Gyn. Department	202166	286583	399754	8.3	8.5	8.1
眼科 Ophthalmologic Department	47149	61776	85550	1.9	1.8	1.7
耳鼻咽喉科 ENT Department	36369	48836	71234	1.5	1.4	1.4
口腔科 Stomatologic Department	16078	17904	25635	0.7	0.5	0.5
精神科 Psychiatric Department	130789	197319	287770	5.4	5.8	5.8
传染科 Infectious Disease Department	80643	96283	118477	3.3	2.8	2.4
结核病科 Tuberculosis Department	18103	19670	21543	0.7	0.6	0.4
肿瘤科 Oncology Department	69764	122215	183388	2.9	3.6	3.7
中医科 TCM Department	314536	451859	720890	12.9	13.3	14.5
其他 Others	205559	376197	497783	8.4	11.1	10.0

基层医疗卫生机构床位数（张）

Number of Beds in Grass-roots Health Care Institutions

	2005	2010	2011	2012	2013	2014
总计 Total	**725732**	**1192242**	**1233721**	**1324270**	**1349908**	**1381197**
社区卫生服务中心 Community Health Centers	25018	137628	157322	163556	167998	171754
#政府办 Government-run	20882	116569	129902	130291	132352	134356
社区卫生服务站 Community Health Stations	–	31186	29810	39654	26243	24159
#政府办 Government-run	–	9663	7362	6324	4791	4361
街道卫生院 Sub-district Health Centers	11678	19746	10961	10552	9587	9396
乡镇卫生院 Township Health Centers	678240	994329	1026251	1099262	1136492	1167245
#政府办 Government-run	661441	978983	1014312	1087286	1125098	1154837
门诊部 Outpatient Departments	10796	9233	9258	11116	9245	8306

中医类医疗机构床位数（张）

Number of Beds in TCM Institutions

机构名称 Institution	2010	2011	2012	2013	2014
总计 Total	**548726**	**618205**	**705795**	**794160**	**877255**
中医类医院 Hospitals Specialized in TCM	471289	529349	612777	686793	755050
中医医院 TCM Hospitals	424244	477078	547967	608843	665005
中西医结合医院 Hospitals of Integrated Chinese & Western Medicine	35234	38787	49844	58774	67277
民族医医院 Hospitals of Traditional Ethnic Medicine	11811	13484	14966	19176	22768
中医类门诊部 Outpatient Departments Specialized in TCM	596	622	805	807	736
中医门诊部 TCM Outpatient Departments	407	427	423	490	500
中西医结合门诊部 Outpatient Departments of Integrated Chinese & Western	185	191	363	289	218
民族医门诊部 Outpatient Departments of Traditional Ethnic Medicine	4	4	19	28	18
其他中医类临床科室 Other Clinical Department of TCM	76841	88234	92213	106560	121469

注：中医类临床科室包括中医科各专业、中西医结合科、民族医学科。

Note: Clinical Departments of TCM include departments of TCM,Integrated Chinese and Western Medicine,and traditional ethnic medicine.

卫生人员数（万人）

Number of Health Personnel (10000)

指标 Indicator	2005	2010	2011	2012	2013	2014
总计 Total	**644.7**	**820.8**	**861.6**	**911.6**	**979.0**	**1023.4**
卫生技术人员 Health Technical Personnel	456.4	587.6	620.3	667.6	721.1	759.0
执业(助理)医师 Physicians & Physician Assistants	204.2	241.3	246.6	261.6	279.5	289.3
#执业医师 Physicians	162.3	197.3	202.0	213.9	228.6	237.5
注册护士 Registered Nurses	135.0	204.8	224.4	249.7	278.3	300.4
药剂师(士) Pharmacists	31.1	35.4	36.4	37.7	39.6	41.0
技师(士) Laboratory Technicians	26.9	33.9	34.8	36.4	38.8	40.7
其他 Other Health Technical Personnel	59.3	72.2	78.1	81.2	84.9	87.6
乡村医生和卫生员 Village Doctors & Assistants	91.7	109.2	112.6	109.4	108.1	105.8
#乡村医生 Village Doctors	86.4	103.2	106.1	102.3	100.5	98.6
其他技术人员 Other Technical Personnel	22.6	29.0	30.6	31.9	36.0	38.0
管理人员 Administrative Staffs	31.3	37.1	37.5	37.3	42.1	45.1
工勤技能人员 Logistics Technical Workers	42.8	57.9	60.6	65.4	71.8	75.5

注: ①2010年起，卫生人员包括返聘本单位半年以上人员；②卫生技术人员包括取得"卫生监督员证书"的公务员。以下各表同。

Note: ①Health personnel re-employed for more than six months are included since 2010; ②Health technical personnel include sanitation supervisors in public servants.The same applies to the related tables following.

各地区卫生人员数（2014年）

Number of Health Personnel by Region (2014)

地区 Region	人员数 Personnel	卫生技术人员 Health Technical Personnel	执业(助理)医师 Physicians & Physician Assistants	注册护士 Registered Nurses
总计 Total	**10234213**	**7589790**	**2892518**	**3004144**
东部 Eastern	4396080	3348271	1298743	1340816
中部 Central	3071282	2214311	861659	881318
西部 Western	2756851	2017208	732116	782010
北京 Beijing	274036	213245	79949	88488
天津 Tianjin	111672	84880	33340	31577
河北 Hebei	512877	351513	157725	121845
山西 Shanxi	289266	209474	89835	79055
内蒙古 Inner Mongolia	202999	154483	62182	56723
辽宁 Liaoning	339187	256284	101636	105828
吉林 Jilin	206092	151427	63234	57433
黑龙江 Heilongjiang	283494	212207	81371	77720
上海 Shanghai	201735	164054	61202	71929
江苏 Jiangsu	589559	458503	178551	188767
浙江 Zhejiang	455809	375902	145725	145141
安徽 Anhui	365662	268039	103742	111497
福建 Fujian	273602	206516	75324	85664

续表 Continued

地 区 Region	人员数 Personnel	卫生技术人员 Health Technical Personnel	执业(助理)医师 Physicians & Physician Assistants	注册护士 Registered Nurses
江 西 Jiangxi	280766	201362	74647	84140
山 东 Shandong	838474	603785	230883	245711
河 南 Henan	745144	494815	189335	191117
湖 北 Hubei	438164	335583	126123	144109
湖 南 Hunan	462694	341404	133372	136247
广 东 Guangdong	732573	583009	216799	233483
广 西 Guangxi	357622	258599	86525	103955
海 南 Hainan	66556	50580	17609	22383
重 庆 Chongqing	210501	154278	58084	62739
四 川 Sichuan	626938	451938	179523	175520
贵 州 Guizhou	237518	169963	57845	67204
云 南 Yunnan	282760	208905	75426	82823
西 藏 Tibet	26531	12882	5609	2715
陕 西 Shaanxi	336288	252611	76460	97221
甘 肃 Gansu	178968	126396	47681	45472
青 海 Qinghai	46363	33936	12953	12750
宁 夏 Ningxia	50714	39800	15023	15096
新 疆 Xinjiang	199649	153417	54805	59792

卫生技术人员数(万人)

Number of Health Technical Personnel (10000)

指标 Indicator	2005	2010	2011	2012	2013	2014
卫生技术人员数 Health Technical Personnel	**456.4**	**587.6**	**620.3**	**667.6**	**721.1**	**759.0**
城市 Urban	209.6	295.5	313.1	339.3	370.0	392.2
农村 Rural	246.8	291.1	306.1	327.5	350.0	365.7
#执业(助理)医师 Physicians & Physician Assistants	204.2	241.3	246.6	261.6	279.5	289.3
城市 Urban	88.8	115.2	119.1	126.8	136.8	143.2
农村 Rural	115.4	126.1	127.5	134.8	142.7	146.1
#执业医师 Physicians	155.6	197.3	202.0	213.9	228.6	237.5
城市 Urban	80.5	106.2	110.1	117.5	126.8	133.1
农村 Rural	75.1	91.1	91.9	96.4	101.8	104.4
注册护士 Registered Nurses	135.0	204.8	224.4	249.7	278.3	300.4
城市 Urban	75.7	120.0	130.4	145.0	161.3	173.7
农村 Rural	59.3	84.8	94.0	104.7	117.1	126.7

注：城市包括直辖市和地级市所辖区，农村包括县及县级市。

Note: Urban areas include municipalities, districts under the Jurisdiction of cities, and cities at county level. Rural areas include counties and cities at county-level.

每千人口卫生技术人员数

Number of Health Technical Personnel per 1000 Population

指标 Indicator	2005	2010	2011	2012	2013	2014
卫生技术人员(人) Health Technical Personnel	**3.50**	**4.39**	**4.61**	**4.94**	**5.31**	**5.56**
城市 Urban	5.82	7.62	7.77	8.54	9.21	9.70
农村 Rural	2.69	3.04	3.20	3.41	3.63	3.77
执业(助理)医师 Physicians & Physician Assistants	1.56	1.80	1.83	1.94	2.06	2.12
城市 Urban	2.46	2.97	2.95	3.19	3.40	3.54
农村 Rural	1.26	1.32	1.33	1.40	1.48	1.51
#执业医师 Physicians	1.19	1.47	1.50	1.58	1.68	1.74
城市 Urban	2.23	2.74	2.73	2.96	3.16	3.29
农村 Rural	0.82	0.95	0.96	1.00	1.05	1.08
注册护士 Registered Nurses	1.03	1.53	1.67	1.85	2.05	2.20
城市 Urban	2.10	3.09	3.23	3.65	4.01	4.30
农村 Rural	0.65	0.89	0.98	1.09	1.21	1.31

注：①总计以常住人口为分母, 城市、农村以户籍人口为分母；②2014年城市、农村人口系推算数字。

Note：①Total population used in this table are resident population，urban and rural population are registered population；②Urban and rural population in 2014 are estimates.

各地区每千人口卫生人员数（2014年）

Number of Health Personnel per 1000 Population by Region (2014)

地 区	Region	每千人口 Per 1000 Population		每万人口 Per 10000 Population	
		执业(助理)医师 Physicians & Physician Assistants	注册护士 Registered Nurses	全科医生数 General Practitioners	公共卫生人员数 Public Health Workers
总 计	**Total**	**2.12**	**2.20**	**1.26**	**6.41**
东 部	Eastern	2.28	2.36	1.71	5.76
中 部	Central	2.01	2.06	0.91	6.57
西 部	Western	1.99	2.13	1.00	6.98
北 京	Beijing	3.65	4.04	3.75	6.76
天 津	Tianjin	2.17	2.05	1.05	4.15
河 北	Hebei	2.13	1.65	1.17	5.94
山 西	Shanxi	2.44	2.15	0.98	5.26
内蒙古	Inner Mongolia	2.48	2.26	1.17	7.75
辽 宁	Liaoning	2.31	2.40	0.86	5.26
吉 林	Jilin	2.30	2.08	0.83	5.65
黑龙江	Heilongjiang	2.12	2.03	0.97	6.73
上 海	Shanghai	2.47	2.91	2.80	4.79
江 苏	Jiangsu	2.24	2.37	2.48	4.52
浙 江	Zhejiang	2.62	2.61	3.53	5.11
安 徽	Anhui	1.73	1.86	1.13	4.32
福 建	Fujian	1.98	2.25	1.13	6.46

续表 Continued

地区 Region	每千人口 Per 1000 Population		每万人口 Per 10000 Population	
	执业(助理)医师 Physicians & Physician Assistants	注册护士 Registered Nurses	全科医生数 General Practitioners	公共卫生人员数 Public Health Workers
江 西 Jiangxi	1.64	1.85	0.66	5.84
山 东 Shandong	2.36	2.51	0.92	6.25
河 南 Henan	2.01	2.03	0.89	8.63
湖 北 Hubei	2.17	2.48	1.05	6.25
湖 南 Hunan	1.97	2.02	0.75	7.47
广 东 Guangdong	2.01	2.16	1.33	6.56
广 西 Guangxi	1.84	2.21	0.96	10.34
海 南 Hainan	1.95	2.48	0.81	6.72
重 庆 Chongqing	1.94	2.09	0.84	3.69
四 川 Sichuan	2.22	2.17	1.21	5.56
贵 州 Guizhou	1.66	1.93	0.69	5.98
云 南 Yunnan	1.60	1.76	0.87	5.38
西 藏 Tibet	1.77	0.86	0.34	5.55
陕 西 Shaanxi	2.03	2.58	0.73	9.37
甘 肃 Gansu	1.84	1.76	1.05	10.00
青 海 Qinghai	2.22	2.19	1.51	5.53
宁 夏 Ningxia	2.27	2.28	0.71	6.77
新 疆 Xinjiang	2.39	2.61	1.45	6.70

卫生技术人员年龄学历及技术职务构成（2014年）

Percentage of Health Technical Personnel by Age, Educational-Level, and Technical Position (2014)

分组 Group	合计 Total	医院 Hospitals	社区卫生服务中心 Community Health Centers	乡镇卫生院 Township Health Centers	疾病预防控制中心 CDC
构成（%）	**100.0**	**100.0**	**100.0**	**100.0**	**100.0**
按年龄分 By Age Group					
25岁以下	9.0	10.6	6.2	7.7	1.4
25～34	36.8	41.0	32.9	32.0	23.5
35～44	27.8	25.0	32.8	36.5	33.2
45～54	17.3	16.6	17.9	16.5	30.6
55～59	4.3	3.6	5.5	4.2	8.3
60+	4.8	3.2	4.6	3.1	3.1
按学历分 By Educational Level					
研究生 Postgraduate	4.4	6.3	0.9	0.1	4.9
大学Undergraduate	24.8	30.2	22.9	7.7	29.3
大专 Junior College	38.8	38.5	41.6	38.3	36.9
中专 Secondary Technical School	29.5	23.4	30.6	48.5	25.3
高中及以下 Senior Secondary School and Below	2.6	1.5	4.0	5.5	3.5
按技术职务分 By Technical Position					
高级 Senior	7.5	9.5	4.1	1.1	10.1
中级 Intermediate	21.8	22.9	24.1	13.6	33.6
初级 Junior	60.7	57.4	63.7	73.4	49.6
未聘 Others	10.1	10.3	8.0	11.9	6.6

执业（助理）医师年龄学历及技术职务构成（2014年）

Percentage of Physicians and Physician Assistants by Age, Educational-Level, and Technical Position (2014)

分组 Group	合计 Total	医院 Hospitals	社区卫生服务中心 Community Health Centers	乡镇卫生院 Township Health Centers	疾病预防控制中心 CDC
构成（%）	**100.0**	**100.0**	**100.0**	**100.0**	**100.0**
按年龄分 By Age Group					
25岁以下	0.2	0.1	0.2	0.3	0.1
25～34	24.3	28.9	23.3	20.6	16.3
35～44	35.9	34.7	39.6	46.0	33.0
45～54	22.8	22.9	20.7	21.5	34.7
55～59	6.7	5.9	7.9	6.4	11.1
60+	10.2	7.5	8.3	5.3	4.7
按学历分 By Educational Level					
研究生 Postgraduate	9.5	15.5	1.8	0.1	5.2
大学Undergraduate	38.0	50.2	35.2	11.8	33.1
大专 Junior College	31.3	24.1	39.4	42.5	35.1
中专 Secondary Technical School	19.1	9.5	20.3	41.1	23.6
高中及以下 Senior Secondary School and Below	2.1	0.8	3.2	4.5	2.9
按技术职务分 By Technical Position					
高级 Senior	17.0	24.1	8.4	2.5	14.1
中级 Intermediate	31.5	33.4	34.0	22.2	40.7
初级 Junior	49.2	40.5	56.2	73.3	43.7
未聘 Others	2.2	2.0	1.4	2.0	1.6

各类别执业（助理）医师及构成（2014年）

Physicians & Physician Assistants by Practicing Category (2014)

	合计 Total	执业医师 Physicians	执业助理医师 Physician Assistants
人数 Number (10000)	**289.3**	**237.5**	**51.8**
临床类别 Clinical	222.2	181.8	40.3
中医类别 Chinese Medicine	41.9	35.5	6.4
口腔类别 Stomatology	14.0	11.4	2.7
公共卫生类别 Public Health	11.2	8.8	2.4
构成(%)			
临床类别 Clinical	76.8	76.6	77.9
中医类别 Chinese Medicine	14.5	14.9	12.3
口腔类别 Stomatology	4.9	4.8	5.1
公共卫生类别 Public Health	3.9	3.7	4.7

全科医生数 （2014年）

Number of General Practitioners (2014)

	合计 Total	注册为全科医学专业的人数 General Practioners	取得全科医生培训合格证的人数 Obtained General Practitioner
人数 Number	**172597**	**64156**	**108441**
#医院 Hospitals	30428	9395	21033
社区服务中心(站) Community Health Centers and Stations	68914	31202	37712
乡镇卫生院 Township Health Centers	70296	22594	47702

注：全科医生数指注册为全科医学专业或取得全科医生培训合格证的执业(助理)医师数之和。

Note: Number of General Practitioners includes physicians & physician assistants registered as general practitioner and those obtained training certificates.

分科医师构成（%）
Percentage of Physicians by Department

科别 Department	2005	2010	2014
总计 Total	**100.0**	**100.0**	**100.0**
内科 Internal Medical Department	18.4	21.2	22.8
外科 Surgical Department	11.8	12.1	12.7
儿科 Pediatric Department	3.8	4.8	3.9
妇产科 Obs. & Gyn. Department	10.1	10.1	9.4
眼科 Ophthalmologic Department	1.1	1.2	1.3
耳鼻咽喉科 ENT Department	1.4	1.4	1.4
口腔科 Stomatologic Department	3.1	4.3	5.0
精神科 Psychiatric Department	1.2	1.3	0.9
传染科 Infectious Disease Department	2.2	1.1	0.7
结核病科 Tuberculosis Department	0.5	0.4	0.2
皮肤病科 Dermatological Department	0.9	0.9	0.9
肿瘤科 Oncology Department	0.9	1.1	0.9
影像科 Radiological Department	4.1	5.6	6.6
中医科 TCM Department	12.9	15.4	11.6
其他 Others	27.6	19.3	21.8

注：医师指执业(助理）医师。

Note: Physicians refer to physicians and physician assistants.

各类医疗卫生机构人员数（万人）

Number of Personnel in Health Care Institutions (10000)

	2005	2010	2011	2012	2013	2014
医院卫生人员 Health Personnel of Hospitals	**318.2**	**422.7**	**452.7**	**493.7**	**537.1**	**574.2**
#卫生技术人员 Health Technical Personnel	253.6	343.8	370.6	405.8	442.5	474.2
#执业(助理)医师 Physicians and Physician Assistants	100.4	126.1	130.7	140.4	150.3	158.4
注册护士 Registered Nurses	97.8	146.9	162.8	183.0	204.1	222.2
基层医疗卫生机构卫生人员 Health Personnel of Grass-roots Health Care Institutions	**265.9**	**328.2**	**337.5**	**343.7**	**351.4**	**353.7**
#卫生技术人员 Health Technical Personnel	157.9	191.4	196.2	205.2	213.8	217.7
#执业(助理)医师 Physicians and Physician Assistants	81.1	94.9	96.0	101.0	105.0	106.4
注册护士 Registered Nurses	29.1	46.7	49.3	52.8	57.7	60.4
专业公共卫生机构卫生人员 Health Personnel of Specialized Public Health Institutions	**53.2**	**62.5**	**64.1**	**66.7**	**82.6**	**87.5**
#卫生技术人员 Health Technical Personnel	41.1	48.7	49.8	52.9	60.9	63.2

非公医疗卫生机构人员数（万人）

Number of Health Personnel in Non-public Health Care Institutions (10000)

	2010	2011	2012	2013	2014
人员数 Health Personnel	**139.7**	**151.1**	**162.0**	**173.9**	**184.7**
#卫生技术人员 Health Technical Personnel	82.3	90.8	101.8	114.0	124.0
执业(助理)医师 Physicians & Physician Assistants	40.8	44.1	48.4	52.9	56.5
注册护士 Registered Nurses	25.3	29.3	34.1	40.1	45.3
占同类机构人员比重（%） As % of the Same Type of Institutions	**17.0**	**17.6**	**17.8**	**17.8**	**18.1**
#卫生技术人员 Health Technical Personnel	14.0	14.7	15.3	15.8	16.4
#执业(助理)医师 Physicians & Physician Assistants	16.9	17.9	18.5	18.9	19.5
注册护士 Registered Nurses	12.4	13.0	13.7	14.4	15.1

医院卫生人员数（2014年）

Number of Health Personnel in Hospitals (2014)

机构名称 Institution	卫生人员（人） Health Personnel	卫生技术人员 Health Technical Personnel	执业(助理)医师 Physicians and Physician Assistants	注册护士 Registered Nurses
总计 Total	**5741680**	**4741677**	**1584393**	**2222293**
按经济类型分 By Ownership				
公立医院 Public Hospitals	4882015	4080345	1358911	1934710
民营医院 Non-public Hospitals	859665	661332	225482	287583
按医院等级分 By Level				
#三级医院 Third-level Hospitals	2439222	2043179	666425	1024253
二级医院 Second-level Hospitals	2302546	1919915	636741	881067
一级医院 First-level Hospitals	381095	302299	113377	119251
按类别分 By Category				
#综合医院 General Hospitals	4189072	3488864	1156675	1666484
中医医院 TCM Hospitals	769166	646152	231485	267493
专科医院 Specialized Hospitals	674506	517987	164214	250970

基层医疗卫生机构人员数（2014年）

Number of Health Personnel in Grass-roots Health Care Institutions (2014)

机构名称 Institution	卫生人员（人） Health Personnel	卫生技术人员 Health Technical Personnel	执业(助理)医师 Physicians & Physician Assistants	注册护士 Registered Nurses
总计 Total	**3536753**	**2176823**	**1064136**	**603900**
社区卫生服务中心 Community Health Centers	381856	323053	134258	110081
#政府办 Government-run	308882	260533	108929	85959
社区卫生服务站 Community Health Stations	106915	94450	42740	35591
#政府办 Government-run	21256	18875	7921	6298
街道卫生院 Sub-district Health Centers	9797	8165	3675	2301
乡镇卫生院 Township Health Centers	1247299	1053348	432831	281864
#政府办 Government-run	1236903	1045293	429353	279512
村卫生室 Village Clinics	1216513	158331	139787	18544
门诊部 Outpatient Departments	141022	119101	59899	39297
诊所(医务室) Clinics	433351	420375	250946	116222

注：本表村卫生室执业(助理)医师和注册护士数不含乡镇卫生院设点数字。

Note: Data for clinic physicians (assistants) and registered nurses in village clinics do not include the number of branches of township health centers.

社区卫生服务中心（站）及床位、人员数

Number of Community Health Centers (Stations), Beds and Personnel

指标 Indicator	2005	2010	2011	2012	2013	2014
街道数(个) Sub-districts	6152	6923	7194	7282	7564	7696
社区卫生服务中心(个) Community Health Centers	1382	6903	7861	8182	8488	8669
床位数(张) Beds	25018	137628	157322	163556	167998	171754
人员数(人) Personnel	44426	282825	328676	346816	368636	381856
#卫生技术人员 Health Technical Personnel	36730	236966	276252	292362	311332	323053
#执业(助理)医师 Physicians and Physician Assistants	17220	103046	117608	124634	130907	134258
社区卫生服务站(个) Community Health Stations	15746	25836	24999	25380	25477	25569
#卫生技术人员(人) Health Technical Personnel	59138	94356	91720	94590	94886	94450
# 执业(助理)医师 Physicians and Physician Assistants	22744	41179	40946	42780	42931	42740

农村乡镇卫生院及床位、人员数

Number of Township Health Centers, Beds and Personnel

指标 Indicator	2005	2010	2011	2012	2013	2014
乡镇数(个) Towns and Townships	35509	33981	33270	33162	32929	32683
机构数(个) Township Health Centers	40907	37836	37295	37097	37015	36902
床位数(张) Beds	678240	994329	1026251	1099262	1136492	1167245
人员数(人) Personnel	1012006	1151349	1165996	1204996	1233858	1247299
#卫生技术人员 Health Technical Personnel	870500	973059	981227	1017096	1043441	1053348
#执业(助理)医师 Physicians and Physician Assistants	398848	422648	408587	423350	434025	432831
注册护士 Registered Nurses	164412	217693	230339	247355	270210	281864
平均每院床位数 Beds per Center	16.6	26.3	27.5	29.7	30.7	31.6
平均每院人员数 Personnel per Center	24.7	30.4	31.3	32.6	33.3	33.8
#卫生技术人员 Health Technical Personnel	21.3	25.7	26.3	27.5	28.2	28.5
#执业(助理)医师 Physicians and Physician Assistants	9.8	11.2	11.0	11.4	11.7	11.7
注册护士 Registered Nurses	4.0	5.8	6.2	6.7	7.3	7.6
每千农业人口乡镇卫生院床位数 Beds per 1000 Rural Population	0.78	1.12	1.16	1.25	1.30	1.33
每千农业人口乡镇卫生院人员数 Personnel per 1000 Rural Population	1.16	1.30	1.32	1.37	1.41	1.43

各地区农村乡镇卫生院及床位、人员数（2014年）

Number of Township Health Centers, Beds and Personnel by Region (2014)

地区 Region	机构数(个) Centers	床位数(张) Beds	人员数(人) Personnel	每千农业人口 Per 1000 Rural Population		乡镇数(个) Towns & Townships
				床位 Beds	人员 Personnel	
总计 Total	**36902**	**1167245**	**1247299**	**1.33**	**1.43**	**32683**
东部 Eastern	9318	354281	444661	1.32	1.66	8443
中部 Central	11461	409124	419978	1.24	1.28	10170
西部 Western	16123	403840	382660	1.45	1.37	14070
北京 Beijing						182
天津 Tianjin	148	4134	5133	1.11	1.38	127
河北 Hebei	1960	62930	55543	1.23	1.09	1957
山西 Shanxi	1202	28434	23583	1.22	1.01	1196
内蒙古 Inner Mongolia	1332	18945	20171	1.31	1.39	770
辽宁 Liaoning	1012	29381	24663	1.45	1.21	862
吉林 Jilin	773	17982	24566	1.28	1.75	618
黑龙江 Heilongjiang	992	21529	23067	1.12	1.20	893
上海 Shanghai						109
江苏 Jiangsu	1044	55551	72367	1.78	2.32	859
浙江 Zhejiang	1139	15398	47702	0.47	1.45	887
安徽 Anhui	1398	50851	48538	0.95	0.91	1253
福建 Fujian	879	29671	33203	1.23	1.38	929

续表 Continued

地区 Region	机构数（个）Centers	床位数（张）Beds	人员数（人）Personnel	每千农业人口 Per 1000 Rural Population		乡镇数（个）Towns & Townships
				床位 Beds	人员 Personnel	
江 西 Jiangxi	1593	44802	44898	1.25	1.25	1403
山 东 Shandong	1637	99716	116543	1.84	2.15	1195
河 南 Henan	2055	95562	101969	1.11	1.18	1821
湖 北 Hubei	1150	66557	75182	1.63	1.84	931
湖 南 Hunan	2298	83407	78175	1.49	1.40	2055
广 东 Guangdong	1201	52042	79294	1.28	1.95	1139
广 西 Guangxi	1270	58319	66527	1.32	1.51	1123
海 南 Hainan	298	5458	10213	0.95	1.78	197
重 庆 Chongqing	933	38491	31515	1.97	1.61	817
四 川 Sichuan	4575	117042	97671	1.81	1.51	4319
贵 州 Guizhou	1427	38172	32845	1.05	0.91	1262
云 南 Yunnan	1376	43526	32244	1.32	0.98	1226
西 藏 Tibet	678	3305	3633	1.23	1.35	684
陕 西 Shaanxi	1601	30831	38374	1.28	1.60	1216
甘 肃 Gansu	1375	23811	28165	1.21	1.43	1228
青 海 Qinghai	404	4234	4702	1.31	1.45	365
宁 夏 Ningxia	223	2799	4333	0.69	1.07	193
新 疆 Xinjiang	929	24365	22480	1.84	1.69	867

村卫生室及人员数

Number of Village Clinics and Personnel

指标 Indicator	2005	2010	2011	2012	2013	2014
行政村数(个) Villages	629079	594658	589874	588475	589447	585451
#设卫生室的村数 Villages with Clinic	583209	548757	551141	548789	548178	547727
占行政村% As % of Villages	85.8	92.3	93.4	93.3	93.0	92.9
村卫生室数(个) Village Clinics	583209	648424	662894	653419	648619	645470
村办 Set-up by Villages	313633	365153	372661	370099	371579	349428
乡卫生院设点 Branch of THC	32396	49678	56128	58317	59896	59396
联营 Joint	38561	32650	33639	32278	32690	29180
私人办 Private	180403	177080	175747	167025	158811	160549
其他 Others	18216	23863	24719	25700	25643	46917
人员总数(人) Personnel	1020395	1292410	1350222	1371592	1457276	1460389
执业(助理)医师 Physicians & Physician Assistants	103863	173275	193277	232826	291291	304343
注册护士 Registered Nurses		27272	30502	44347	84922	97864
乡村医生 Village Doctors	864168	1031828	1060548	1022869	1004502	985692
卫生员 Health Workers	52364	60035	65895	71550	76561	72490
平均每村卫生室人员 Personnel per Village	1.62	2.17	2.29	2.33	2.47	2.49
每千农业人口村卫生室人员数 Personnel per 1000 Rural Population	1.17	1.46	1.53	1.56	1.66	1.67

注：本表执业(助理)医师和注册护士数包括乡镇卫生院设点数字。

Note: Physicians and assistant physicians and registered nurses in the table include the figure of branches of twonship health centers.

各地区村卫生室及人员数（2014年）

Number of Village Clinics and Personnel by Region (2014)

地 区 Region	村委会(个) Villages	村卫生室(个) Village Clinics	设卫生室的村占总村数% Proportion of Villages with Clinic	村卫生室人员数 Village Personnel	乡村医生数 Village Doctors	平均每村卫生室人员数 Personnel per Village
总 计 Total	**585451**	**645470**	**92.9**	**1460389**	**985692**	**2.49**
东 部 Eastern	221595	219355	82.0	504990	340379	2.28
中 部 Central	191993	223755	99.7	546449	361808	2.85
西 部 Western	171863	202360	99.5	408950	283505	2.38
北 京 Beijing	3937	2802	71.1	4505	3375	1.14
天 津 Tianjin	3698	2350	62.9	7006	5072	1.89
河 北 Hebei	48636	61450	100.0	114228	79012	2.35
山 西 Shanxi	28072	28248	100.0	51436	36543	1.83
内蒙古 Inner Mongolia	11192	13835	100.0	26435	17312	2.36
辽 宁 Liaoning	11558	19844	100.0	31770	24257	2.75
吉 林 Jilin	9313	11225	100.0	25118	18160	2.70
黑龙江 Heilongjiang	8902	11638	100.0	32482	23421	3.65
上 海 Shanghai	1605	1310	82.0	5359	680	3.34
江 苏 Jiangsu	14428	15523	100.0	66771	36223	4.63
浙 江 Zhejiang	27997	12042	42.1	23340	8084	0.83
安 徽 Anhui	14786	15288	100.0	69446	45227	4.70
福 建 Fujian	14440	19242	100.0	35817	26493	2.48

续表 Continued

地区 Region	村委会(个) Villages	村卫生室(个) Village Clinics	设卫生室的村占总村数% Proportion of Villages with Clinic	村卫生室人员数 Village Personnel	乡村医生数 Village Doctors	平均每村卫生室人员数 Personnel per Village
江　西 Jiangxi	17011	31017	100.0	62475	45203	3.67
山　东 Shandong	73388	53870	72.0	161681	128313	2.20
河　南 Henan	46938	56721	100.0	166511	108851	3.55
湖　北 Hubei	25448	24919	97.4	65368	40463	2.57
湖　南 Hunan	41523	44699	100.0	73613	43940	1.77
广　东 Guangdong	19347	28161	100.0	48124	26154	2.49
广　西 Guangxi	14291	21917	100.0	49820	33173	3.49
海　南 Hainan	2561	2761	100.0	6389	2716	2.49
重　庆 Chongqing	8255	10778	100.0	31196	21568	3.78
四　川 Sichuan	46318	55981	100.0	93949	67739	2.03
贵　州 Guizhou	16747	20945	100.0	41543	27210	2.48
云　南 Yunnan	12035	13364	100.0	42935	33528	3.57
西　藏 Tibet	5255	5366	100.0	11575	9020	2.20
陕　西 Shaanxi	26608	25969	97.1	43174	31857	1.62
甘　肃 Gansu	15957	16681	100.0	31212	18990	1.96
青　海 Qinghai	4157	4481	100.0	9694	6031	2.33
宁　夏 Ningxia	2274	2455	100.0	5450	3170	2.40
新　疆 Xinjiang	8774	10588	100.0	21967	13907	2.50

中医药人员数

Number of Health Personnel of TCM

	2010	2011	2012	2013	2014
中医药人员总数(万人) Total Health Personnel of TCM(10000)	**40.4**	**42.0**	**48.8**	**52.3**	**54.5**
中医类别执业(助理)医师 TCM Physicians (Assistants)	29.4	30.9	36.8	39.8	41.9
见习中医师 Practice TCM Physicians (Assistants)	1.3	1.1	1.2	1.4	1.5
中药师(士) TCM Pharmacists	9.7	10.0	10.8	11.0	11.2
占同类人员总数的% As a % of the Same Type of Personnel					
中医类别执业(助理)医师 TCM Physicians (Assistants)	12.2	12.5	14.1	14.3	14.5
见习中医师 Practice TCM Physicians (Assistants)	9.9	6.2	6.7	6.9	6.7
中药师(士) TCM Pharmacists	27.4	27.5	28.5	27.9	27.3

专业公共卫生机构人员数（2014年）

Number of Personnel in Specialized Public Health Institutions (2014)

机构名称 Institution	卫生人员 Health Personnel	卫生技术人员 Health Technical Personnel	执业(助理)医师 Physicians & Physician Assistants	注册护士 Registered Nurses
总计 Total	**875045**	**631558**	**230173**	**168782**
疾病预防控制中心 CDC	192397	142297	71450	13467
专科疾病防治机构 Specialized Disease Prevention & Treatment	49916	38061	15894	11481
健康教育机构 Health Education Institutions	1906	849	425	84
妇幼保健机构 MCH Centers	326732	270674	98748	114212
急救中心(站) Emergency Centers (First-Aid Stations)	14406	7400	3266	3072
采供血机构 Institutions for Blood Gathering & Supplying	31960	22618	3509	10460
卫生监督机构 Health Inspection Institutions	82395	69794	–	–
计划生育技术服务机构 Institutions for Family Planning Service	175333	79865	36881	16006

注：2013年、2014年每万人口公共卫生人员分别为6.08人、6.41人。

Note: Public health worker per 10000 population in 2013 and 2014 are 6.08 and 6.41.

疾病预防控制中心及人员数

Number of Centers for Disease Control & Prevention and Personnel

	机构数(个) CDC	人员数(人) Personnel	卫生技术人员(人) Health Technical Personnel	执业(助理)医师(人) Physicians and Physician Assistants
2005	3585	206485	158450	91943
2010	3513	195467	147347	78608
2011	3484	194593	145198	74239
2012	3490	193196	141261	72342
2013	3516	194371	143101	72675
2014	3490	192397	142297	71450
省属 Provincial CDC	32	11471	8025	4021
地级市属 CDC of Prefecture Cities	407	42573	31778	16781
县级市属 CDC of County-Level Cities	1160	56778	42042	21388
县属 County CDC	1656	74963	55541	27067
其他 Others	235	6612	4911	2193

妇幼保健机构及床位、人员数

Number of MCH Institutions, Beds and Personnel

指标 Indicator	2005	2010	2011	2012	2013	2014
儿童医院数(个) Children's Hospitals	**58**	**72**	**79**	**89**	**96**	**99**
床位数(张) Beds	14353	24582	25690	28273	30961	33819
人员数(人) Personnel	25109	37412	40808	45329	51651	55105
#卫生技术人员 Health Technical Personnel	19507	30757	33847	37786	43333	46330
#执业(助理)医师 Physicians and Physician Assistants	6719	10037	10631	11525	12905	14044
注册护士 Registered Nurses	8752	15095	16657	19059	22018	23362
妇产医院数(个) Gyn. & Obs. Hospitals	**127**	**398**	**442**	**495**	**558**	**622**
床位数(张) Beds	11961	26453	29545	32902	37693	43707
人员数(人) Personnel	18789	46045	49403	54989	61808	70788
#卫生技术人员 Health Technical Personnel	14590	34728	37398	41522	46320	53180
#执业(助理)医师 Physicians and Physician Assistants	5378	11704	12351	13810	15174	17256
注册护士 Registered Nurses	6268	15800	17351	19722	22280	26074
妇幼保健机构数(个) MCH Centers	**3021**	**3025**	**3036**	**3044**	**3144**	**3098**
床位数(张) Beds	94105	134364	145866	161560	175476	184815
人员数(人) Personnel	187633	245102	261861	285180	308199	326732
#卫生技术人员 Health Technical Personnel	153153	202365	216149	235741	254911	270674
#执业(助理)医师 Physicians and Physician Assistants	73288	85932	87069	91335	96553	98748
注册护士 Registered Nurses	44949	73195	82131	94065	104225	114212

医学专业招生及在校学生数

Number of Medical Entrants and Enrolments

年份 Year	招生数 Entrants		在校学生数 Enrolments	
	普通高等学校 Regular Institutions of Higher Education	中等职业学校 Secondary Vocational Schools	普通高等学校 Regular Institutions of Higher Education	中等职业学校 Secondary Vocational Schools
2005	386905	468960	1132165	1226777
2010	533618	582799	1864655	1683865
2011	593030	530467	2001756	1650724
2012	591683	513420	2120880	1539531
2013	630203	519612	2256404	1470917
2014	680128	488066	2419365	1465838

注：普通高等学校招生和在校生数包括研究生、本科生及大专生,不含成人本专科生；中等职业学校包括普通中专和成人中专，不含职高和技校学生,下表同。

资料来源: 中国教育统计年鉴。Source: Chinese Education Statistical Yearbook.

医学专业毕业人数

Number of Medical Graduates

年份 Year	普通高等学校 Regular Institutions of Higher Education	中等职业学校 Secondary Vocational Schools
2005	221982	331183
2010	483611	435870
2011	498184	504644
2012	513376	534092
2013	559000	500063
2014	588724	452132

资料来源: 中国教育统计年鉴。Source: Chinese Education Statistical Yearbook.

附录1:香港和澳门特别行政区与台湾省卫生状况

Appendix I: Health Status of Hong Kong, Macao Special Administrative Region and Taiwan Province

香港、澳门特别行政区和台湾省居民健康状况

Health Status of Hong Kong, Macao Special Administrative Region and Taiwan Province

	人口数(万人) Total Population (10000)	出生率 Birth Rate (‰)	死亡率 Death Rate (‰)	婴儿死亡率 Infant Mortality Rate(‰)	期望寿命(岁) Life Expectancy at Birth (Year)	
					男性 Male	女性 Female
香港 Hong Kong						
2005	681	8.4	5.7	2.3	78.8	84.6
2010	702	12.6	6.0	1.7	80.1	86.0
2011	707	13.5	6.0	1.3	80.3	86.7
2012	716	12.8	6.0	1.4	80.6	86.3
2013	719	7.9	5.9	1.6	80.9	86.6
澳门 Macao						
2005	47	7.8	3.4	3.3	78.7	83.4
2010	54	9.5	3.3	2.9	79.2	85.3
2011	55	10.6	3.4	2.9	79.1	85.5
2012	57	12.9	3.2	2.5	79.1	85.7
2013	59	11.1	3.2	2.0	78.9	85.6
台湾 Taiwan						
2005	2277	9.1	6.1	6.0	73.8	79.9
2010	2316	7.2	6.3	…	76.1	82.6
2011	2323	8.5	6.6	…	76.0	82.7
2012	2332	9.9	6.6	…	…	…
2013	2337	8.5	6.7	…	…	…

资料来源：《中国统计年鉴》。Source: China Statistical Yearbook.

香港特别行政区医疗卫生条件

Health Resources of Hong Kong Special Administrative Region

指标 Indicator	2005	2010	2011	2012	2013
医师数(人) Physicians	11505	12620	12818	13006	13203
注册中医(人) Registered Chinese Medicine Practitioners	5133	6241	6414	6565	6743
牙科医师(人) Dentists	1941	2179	2215	2258	2310
护士数(人) Nurses	35465	40011	41310	43698	45846
每千人口医师数(人) Physicians per 1000 Population	1.7	1.8	1.8	1.8	1.8
医疗机构(所) Health Institutions	99	116	120	123	127
病床数(张) Beds	34119	35522	36121	36579	36720
每千人口病床数(张) Beds per 1000 Population	4.9	5.0	5.1	5.1	5.1

资料来源：《中国统计年鉴》。Source: China Statistical Yearbook.

澳门特别行政区医疗卫生条件

Health Resources of Macao Special Administrative Region

指标 Indicator	2005	2010	2011	2012	2013
医师数(人) Physicians	1105	1330	1438	1482	1514
护士数(人) Nurses	1134	1536	1606	1751	1854
每千人口医师数(人) Physicians per 1000 Population	2.1	2.5	2.6	2.5	2.5
医院数(所) Hospitals	2	4	4	4	4
病床数(张) Beds	984	1173	1222	1354	1366
每千人口病床数(张) Beds per 1000 Population	2.0	2.2	2.2	2.3	2.2

资料来源：《中国统计年鉴》。Source: China Statistical Yearbook.

台湾省医疗卫生条件

Health Resources of Taiwan Province

指标 Indicator	2005	2010	2011	2012
从业医务人员(人) Health Personnel	199734	241156	250258	258283
每千人口医务人员(人) Health Personnel per 1000 Population	8.7	10.4	10.8	11.078
医疗机构(所) Health Institutions	19433	20691	21135	21437
病床数(张) Beds	146382	158922	160472	160900
每千人口病床数(张) Beds per 1000 Population	6.43	6.86	6.91	6.901

资料来源：《中国统计年鉴》。Source: China Statistical Yearbook.

附录2: 主要国家卫生状况

Appendix II: Health Status of Main Countries

人口状况
Population Status

国家 Country	人口数 Population (1000) 2013	人口年增长率 Annual Increase Rate (%) 2013	城镇人口所占% Urban Population as % of Total 2013	期望寿命(岁) Life Expectancy at Birth (Year) 2012	
				Male	Female
中国China	1393337	2.7	53	74	77
印度India	1252140	1.2	32	64	68
俄罗斯Russian	142834	0	74	63	75
巴西Brazil	200362	0.9	85	70	77
南非South Africa	52776	4.1	64	56	62
澳大利亚Australia	23343	1.3	89	81	85
加拿大Canada	35182	1	82	80	84
埃及Egypt	82056	3.2	43	69	74
法国France	64291	2.4	79	79	85
德国Germany	82727	2.5	75	78	83
意大利Italy	60990	1.2	69	80	85
日本Japan	127144	0.5	93	80	87
墨西哥Mexico	122332	2.8	79	73	79
尼日利亚Nigeria	173615	1.9	46	53	55
波兰Poland	38217	1.7	61	73	81
泰国Thailand	67010	0.3	48	71	79
土耳其Turkey	74933	1.3	72	72	78
英国 UK	63136	0.8	82	79	83
美国 USA	320051	0	81	76	81

资料来源: 全球卫生观察站数据库，以下4表同。

Source: Global Health Observatory Data Repository. The same for the following 4 tables.

妇幼卫生状况

Maternal and Child Health Status

国家 Country	婴儿死亡率(‰) Infant Mortality Rate (per 1000 Live Births) 2013	5岁以下儿童死亡率(‰) Under-five Mortality Rate (per 1000 Live Births) 2013	孕产妇死亡率(1/10万) Maternal Mortality Ratio (per 100000 Live Births) 2013	1岁儿童疫苗接种率 Immunization Coverage Among 1-year-olds 2013		
				麻苗 Measles	百白破 DTP3	乙肝 HepB3
中国China	11	13	32	99	99	99
印度India	41	53	190	74	72	67
俄罗斯Russian	9	10	24	98	97	97
巴西Brazil	12	14	69	99	95	95
南非South Africa	33	44	140	66	65	65
澳大利亚Australia	3	4	6	94	91	91
加拿大Canada	5	5	11	95	96	75
埃及Egypt	19	22	45	96	97	97
法国France	4	4	9	89	99	74
德国Germany	3	4	7	97	96	87
意大利Italy	3	4	4	90	97	97
日本Japan	2	3	6	95	98	…
墨西哥Mexico	13	15	49	89	83	82
尼日利亚Nigeria	74	117	560	59	58	63
波兰Poland	5	5	3	98	99	96
泰国Thailand	11	13	26	99	99	99
土耳其Turkey	17	19	20	98	98	97
英国 UK	4	5	8	95	96	…
美国 USA	6	7	28	91	94	90

卫生设施
Health Facilities

国家 Country	农村安全饮用水普及率 Coverage of Improved Drinking Water Source in Rural Area (%) 2012	农村卫生厕所普及率 Coverage of Improved Sanitary Toilets in Rural Area (%) 2012	每万人口 Per 10000 Population 2004～2013		
			医师数 Physicians	护士数 Nurses	病床数 Beds
中国China	92	65	14.6	15.1	42
印度India	93	36	7.0	17.1	9
俄罗斯Russian	97	70	43.1	85.2	97
巴西Brazil	98	81	18.9	76.0	24
南非South Africa	95	74	7.8	49.0	28
澳大利亚Australia	100	100	32.7	106.5	38
加拿大Canada	100	100	20.7	92.9	32
埃及Egypt	99	96	28.3	35.2	17
法国France	100	100	31.8	93.0	69
德国Germany	100	100	38.1	114.9	82
意大利Italy	100		40.9	54.4	36
日本Japan	100	100	23.0	114.9	137
墨西哥Mexico	95	85	21.0	25.3	16
尼日利亚Nigeria	64	28	4.1	16.1	5
波兰Poland			22.0	58.4	67
泰国Thailand	96	93	3.9	20.8	21
土耳其Turkey	100	91	17.1	24.0	25
英国 UK	100	100	27.9	88.3	33
美国 USA	99	100	24.5	98.2	30

卫生费用

Health Expenditure

国家 Country	卫生总费用占GDP% Total Health Expenditure as % of GDP 2011	卫生总费用构成(%) % of Total Health Expenditure 2011		政府卫生支出占财政支出% Government Health Expenditure as % of Government Expenditure 2011	人均卫生费用(美元) Per Capita Total Health Expenditure (US$) 2012
		政府卫生支出 Government Health Expenditure	个人卫生支出 Private Health Expenditure		
中国China	5.2	55.9	44.1	12.5	480.0
印度India	3.9	31	69	8.1	156.9
俄罗斯Russian	6.2	59.7	40.3	10.1	1473.8
巴西Brazil	8.9	45.7	54.3	8.7	1108.7
南非South Africa	8.5	47.7	52.3	12.7	982.3
澳大利亚Australia	9	68.5	31.5	16.8	4068.2
加拿大Canada	11.2	70.4	29.6	17.9	4675.9
埃及Egypt	4.9	40.5	59.5	6.9	323.1
法国France	11.6	76.7	23.3	15.9	4260.2
德国Germany	11.1	75.9	24.1	18.5	4617.0
意大利Italy	9.5	77.2	22.8	14.7	3040.1
日本Japan	9.3	80	20	18.2	3577.7
墨西哥Mexico	6.2	49.4	50.6	12	1061.9
尼日利亚Nigeria	5.3	36.7	63.3	7.5	161.4
波兰Poland	6.7	71.2	28.8	11	1489.3
泰国Thailand	4.1	75.5	24.5	14.5	385.5
土耳其Turkey	6.7	74.9	25.1	12.8	1143.9
英国 UK	9.3	82.7	17.3	15.9	3494.9
美国 USA	17.9	45.9	54.1	19.8	8895.1

附录3: 我国主要人口与社会经济指标

Appendix III: Main Indicators of Population, Society and Economy of China

全国行政区划（2014年底）

Division of Administrative Areas in China (End of 2014)

地　区 Region	地级数 Number of Regions at Prefecture Level	地级市 Cities at Prefecture Level	县级数 Regions at County Level	县级市 Cities at County Level	市辖区 Districts under the Jurisdiction of Cities	县 Counties
总　计 Total	**333**	**288**	**2854**	**361**	**897**	**1425**
北　京 Beijing	0	0	16	0	14	2
天　津 Tianjin	0	0	16	0	13	3
河　北 Hebei	11	11	171	20	39	106
山　西 Shanxi	11	11	119	11	23	85
内蒙古 Inner Mongolia	12	9	102	11	22	17
辽　宁 Liaoning	14	14	100	17	56	19
吉　林 Jilin	9	8	60	20	21	16
黑龙江 Heilongjiang	13	12	128	17	65	45
上　海 Shanghai	0	0	17	0	16	1
江　苏 Jiangsu	13	13	99	23	55	21
浙　江 Zhejiang	11	11	90	20	35	34
安　徽 Anhui	16	16	105	6	43	56
福　建 Fujian	9	9	85	13	28	44
江　西 Jiangxi	11	11	100	10	20	70
山　东 Shandong	17	17	137	28	51	58

注：①本表数字来源于民政部；②县包括自治县(旗)、特区和林区。

Note:①Data in this table are from the Ministry of Civil Affairs; ②Counties include autonomous counties(banners),special administrative region and forest district.

续表 Continued

地　区 Region	地级数 Number of Regions at Prefecture Level	地级市 Cities at Prefecture Level	县级数 Regions at County Level	县级市 Cities at County Level	市辖区 Districts under the Jurisdiction of Cities	县 Counties
河　南 Henan	17	17	158	21	50	87
湖　北 Hubei	13	12	103	24	39	37
湖　南 Hunan	14	13	122	16	35	64
广　东 Guangdong	21	21	119	21	61	34
广　西 Guangxi	14	14	110	7	36	55
海　南 Hainan	3	3	24	6	8	4
重　庆 Chongqing	0	0	38	0	21	13
四　川 Sichuan	21	18	183	14	49	116
贵　州 Guizhou	9	6	88	7	14	55
云　南 Yunnan	16	8	129	13	13	74
西　藏 Tibet	7	3	74	0	3	71
陕　西 Shaanxi	10	10	107	3	25	79
甘　肃 Gansu	14	12	86	4	17	58
青　海 Qinghai	8	2	43	3	5	28
宁　夏 Ningxia	5	5	22	2	9	11
新　疆 Xinjiang	14	2	103	24	11	62

全国人口数

Population of China

指标 Indicator	2005	2010	2011	2012	2013	2014
总人口(万人)	130756	134091	134735	135404	136072	136782
Total Population (10 000)						
按性别分 By Sex						
男性 Male	67375	68748	69068	69395	69728	70079
女性 Female	63381	65343	65667	66009	66344	66703
按城乡分 By Urban and Rural						
城镇 Urban	56212	66978	69079	71182	73111	74916
乡村 Rural	74544	67113	65656	64222	62961	61866
按年龄段分 By Age Group						
0~15岁(Age)	26504	22259	22164	22287	23875	23957
16~64岁(Age)	94197	99938	100283	100403	99036	99070
65+岁(Age)	10055	11894	12288	12714	13161	13755
人口构成（%）	100.0	100.0	100.0	100.0	100.0	100.0
Composition of the population (%)						
按城乡分 By Urban and Rural						
城镇 Urban	43.0	49.9	51.3	52.6	53.7	54.8
乡村 Rural	57.0	50.1	48.7	47.4	46.3	45.2
按年龄段分 By Age Group						
0~14岁(Age)	20.3	16.6	16.5	16.5	17.5	17.5
16~64岁(Age)	72.0	74.5	74.4	74.1	72.8	67.0
65+岁(Age)	7.7	8.9	9.1	9.4	9.7	15.5
性别比 Sex Ratio	106.3	105.2	105.2	105.1	105.2	105.1
出生性别比 Sex Ratio at Birth	118.6	117.9	117.8	117.7	117.6	

注: ①本表摘自《中国统计年鉴》和《中国统计摘要》；②总人口包括现役军人。

Note: ①Data in the table are from China Statistical Yearbook and China Statistical Abstract. ②Total population include active servicemen.

各地区人口数

Population by Region

地 区 Region	总人口 Total Population (10000)			按城乡分 By Residence (10000) 2013		城镇人口% Urban Population as % of Total Population 2013	性别比 Sex Ratio 2013
	2000	2010	2013	城镇 Urban	乡村 Rural		
总 计 Total	**126743**	**134091**	**136072**	**73111**	**62961**	**53.7**	**105.2**
北 京 Beijing	1364	1962	2115	1825	290	86.3	107.6
天 津 Tianjin	1001	1299	1472	1207	265	82.0	98.9
河 北 Hebei	6674	7194	7333	3528	3804	48.1	105.5
山 西 Shanxi	3247	3574	3630	1908	1722	52.6	105.5
内蒙古 Inner Mongolia	2372	2472	2498	1466	1031	58.7	107.9
辽 宁 Liaoning	4184	4375	4390	2917	1473	66.5	102.0
吉 林 Jilin	2682	2747	2751	1491	1260	54.2	106.2
黑龙江 Heilongjiang	3807	3833	3835	2201	1634	57.4	102.9
上 海 Shanghai	1609	2303	2415	2164	251	89.6	106.2
江 苏 Jiangsu	7327	7869	7939	5090	2849	64.1	99.9
浙 江 Zhejiang	4680	5447	5498	3519	1979	64.0	107.5
安 徽 Anhui	6093	5957	6030	2886	3144	47.9	104.1
福 建 Fujian	3410	3693	3774	2293	1481	60.8	107.9
江 西 Jiangxi	4149	4462	4522	2210	2312	48.9	108.5
山 东 Shandong	8998	9588	9733	5232	4502	53.8	103.9

资料来源：《中国统计年鉴》。 Source: China Statistical Yearbook.

续表 Continued

地 区 Region	总人口 Total Population (10000) 2000	2010	2013	按城乡分 By Residence (10000) 2013 城镇 Urban	乡村 Rural	城镇人口% Urban Population as % of Total Population 2013	性别比 Sex Ratio 2013
河 南 Henan	9488	9405	9413	4123	5290	43.8	101.1
湖 北 Hubei	5646	5728	5799	3161	2638	54.5	103.3
湖 南 Hunan	6562	6570	6691	3209	3482	48.0	105.7
广 东 Guangdong	8650	10441	10644	7212	3432	67.8	110.8
广 西 Guangxi	4751	4610	4719	2115	2604	44.8	109.4
海 南 Hainan	789	869	895	472	423	52.7	111.7
重 庆 Chongqing	2849	2885	2970	1733	1237	58.3	104.0
四 川 Sichuan	8329	8045	8107	3640	4467	44.9	104.0
贵 州 Guizhou	3756	3479	3502	1325	2177	37.8	107.1
云 南 Yunnan	4241	4602	4687	1897	2789	40.5	107.6
西 藏 Tibet	258	301	312	74	238	23.7	103.2
陕 西 Shaanxi	3644	3735	3764	1931	1833	51.3	105.0
甘 肃 Gansu	2515	2560	2582	1036	1546	40.1	105.6
青 海 Qinghai	517	563	578	280	298	48.5	103.9
宁 夏 Ningxia	554	633	654	340	314	52.0	104.3
新 疆 Xinjiang	1849	2185	2264	1007	1257	44.5	105.3

人口年龄构成(%)

Composition of Population by Age (%)

年龄组 Age Group	合计 Total			男性 Male			女性 Female		
	2000	2010	2013	2000	2010	2013	2000	2010	2013
合计 Total	100.0	100.0	100.0	51.5	51.2	51.3	48.5	48.8	48.7
0～4	5.6	5.7	5.7	3.0	3.1	3.1	2.5	2.6	2.6
5～14	17.4	10.9	10.7	9.2	5.9	5.8	8.2	5.0	4.9
15～24	15.9	17.1	14.9	8.1	8.7	7.8	7.8	8.4	7.1
25～34	19.7	14.9	15.7	10.1	7.5	7.9	9.6	7.3	7.8
35～44	15.3	18.2	16.8	7.9	9.3	8.6	7.4	8.9	8.2
45～54	12.0	13.8	15.0	6.2	7.1	7.6	5.8	6.8	7.4
55～59	3.7	6.1	6.3	1.9	3.1	3.2	1.8	3.0	3.1
60～64	3.4	4.4	5.2	1.7	2.2	2.6	1.6	2.2	2.6
65～69	2.8	3.1	3.5	1.4	1.6	1.8	1.4	1.5	1.8
70～74	2.1	2.5	2.5	1.0	1.2	1.2	1.1	1.2	1.3
75～79	1.3	1.8	1.9	0.6	0.9	0.9	0.7	0.9	1.0
80～84	0.6	1.0	1.1	0.3	0.4	0.5	0.4	0.6	0.6
85+	0.3	0.6	0.6	0.1	0.2	0.3	0.2	0.4	0.4

资料来源：《中国统计年鉴》。Source: China Statistical Yearbook.

人口文化程度

Educational Level of the Population

指标 Indicator	1990	2000	2010
绝对数(万人)			
Total Population (10000)			
大专及以上 Junior College and Above	1613	4571	11964
高中和中专 Senior Secondary and Secondary Technical School	9113	14109	18799
初中 Junior Secondary School	26465	42989	51966
小学 Primary School	42011	45191	35876
文盲人口 Illiterate	18003	8507	5466
每十万人口(人)			
per 100 000 population			
大专及以上 Junior College and Above	1422	3611	8930
高中和中专 Senior Secondary and Secondary Technical School	8039	11146	14032
初中 Junior Secondary School	23344	33961	38788
小学 Primary School	37057	35701	26779
文盲率(%) Illiterate Rate(%)	**15.9**	**6.7**	**4.1**

资料来源：《中国统计年鉴》。Source: China Statistical Yearbook.

国内生产总值和财政收支

Gross Domestic Products,Government Revenues and Expenditures

年份 Year	国民总收入(亿元) Gross National Income (100 Million Yuan)	国内生产总值(亿元) GDP (100 Million Yuan)	人均国内生产总值(元) GDP per Capita (Yuan)	财政收入(亿元) Government Revenue (100 Million Yuan)	财政支出(亿元) Government Expenditur (100 Million Yuan)
2005	183619	184937	14185	31649	33930
2010	403260	401202	29992	83102	89874
2011	468562	473104	35198	103874	109248
2012	516662	519322	38449	117210	125712
2013	566130	568845	41908	129143	139744
2014	…	636463	…	140350	151662

资料来源：《中国统计年鉴》、《中国统计摘要》。下表同。Source: China Statistical Yearbook and China Statistical Abstract. The same for the table below.

居民消费价格与商品零售价格指数（上年=100）

Consumer Price and Retail Price Index（Preceding Year=100）

指标 Indicator	2010	2011	2012	2013	2014
居民消费价格指数 Consumer Price Index	103.3	105.4	102.6	102.6	102.0
#医疗保健 Health Care	103.3	102.9	101.7	101.5	…
#医疗保健服务 Health Care Services	100.9	100.6	100.7	101.5	…
商品零售价格指数 Retail Price Index	103.1	104.9	102.0	101.4	101.0
中药及中成药 Traditional Chinese Medicine and Patent Medicine	111.1	112.1	104.9	103.3	…
西药 Chemical Medicines	101.0	99.6	100.3	100.2	…